Liberdade *para* liderar

CARO(A) LEITOR(A),
Queremos saber sua opinião sobre nossos livros.
Após a leitura, curta-nos no **facebook.com/editoragentebr**,
siga-nos no Twitter **@EditoraGente** e no Instagram **@editoragente**
e visite-nos no site **www.editoragente.com.br**.
Cadastre-se e contribua com sugestões, críticas ou elogios.

João de Lima

Autor do best-seller *Gestão e Cultura de Resultados*

Prefácio de Jorge Gerdau

Liberdade *para* liderar

A NOVA LIDERANÇA PARA TEMPOS COMPLEXOS

O modelo que promove autonomia, agilidade e engajamento para garantir os resultados das organizações

Diretora
Rosely Boschini

Gerente Editorial Sênior
Rosângela de Araujo Pinheiro Barbosa

Editora Júnior
Carolina Forin

Assistente Editorial
Fernanda Arrais
Tamiris Sene

Produção Gráfica
Fábio Esteves

Coordenação e Edição
Estúdio Cavalo-Marinho

Preparação
Algo Novo Editorial

Capa
Thiago Barros

Projeto Gráfico e Diagramação
Gisele Baptista de Oliveira

Revisão
Renato Ritto
Laura Folgueira

Impressão
Gráfica Rettec

Copyright © 2022 by João de Lima
Todos os direitos desta edição
são reservados à Editora Gente.
Rua Natingui, 379 – Vila Madalena
São Paulo, SP – CEP 05443-000
Telefone: (11) 3670-2500
Site: www.editoragente.com.br
E-mail: gente@editoragente.com.br

Dados Internacionais de Catalogação na Publicação (CIP)
Angélica Ilacqua CRB-8/7057

Lima, João de
  Liberdade para liderar : a nova liderança para tempos complexos : o modelo que promove autonomia, agilidade e engajamento para garantir os resultados das organizações / João de Lima. - São Paulo : Editora Gente, 2022.
  208 p.

ISBN 978-65-5544-218-2

1. Desenvolvimento profissional 2. Negócios 3. Liderança I. Título

22-1730   CDD 658.3

Índices para catálogo sistemático:
1. Desenvolvimento profissional

Nota da publisher

Todo empresário sabe que a atualização profissional deve ser constante, que devemos estar sempre em busca de novos conceitos, ideias, produtos, novas maneiras de gerir a empresa e o time. A ascensão da tecnologia digital aumentou a necessidade da atualização e do protagonismo das equipes e, principalmente, dos gestores que são exemplo para seu grupo. No entanto, o protagonismo dentro de uma organização só acontece se, primeiro, a gestão permitir e incentivar e, segundo e mais importante, se o colaborador estiver engajado com a empresa e sentir que seu comprometimento faz diferença e é percebido.

Um bom gestor entende a necessidade de engajar seus colaboradores, entende que um time comprometido é o que faz o negócio decolar, que a empresa deve se preocupar e proporcionar o crescimento das pessoas, que um negócio bem-sucedido depende de um grupo feliz e satisfeito. E é disso que João de Lima fala: engajar para crescer.

Com mais de quarenta anos de experiência em gestão de pessoas, João buscou atualização para discutir o que é preciso para sobreviver ao mundo atual e ajudar ainda mais seus leitores. O autor afirma que o engajamento é essencial para resultados positivos tanto para a empresa, quanto para o próprio colaborador.

Humano, estudioso, curioso e autor consagrado, João de Lima nos presenteia com um livro muito especial para quem deseja crescer e fazer crescer. Venha entender como o líder humano liberta seu time para o sucesso.

Rosely Boschini – CEO e Publisher da Editora Gente

> Um líder é efetivo quando as pessoas mal sabem que ele existe. Quando o trabalho delas terminar e o objetivo tiver sido alcançado, dirão: nós mesmas que o fizemos.

LAO TSÉ —
TAO TE CHING

Dedico esta obra à minha família: minha esposa, Mara Rúbia; meus filhos, Ana Teresa, Fernando e Thomas. Obrigado por terem me acompanhado e me apoiado com tanto amor em mais esta jornada. Vocês a enriqueceram com cada sugestão.

Dedico também aos muitos líderes da Gerdau que participaram, com empenho e entusiasmo, do planejamento, do desenvolvimento e da implantação de um projeto transformador, cujos fundamentos contribuíram para formatar a proposta dos novos caminhos de liderança que apresento neste livro. Juntos, acreditamos no sonho de transformar a maneira de conduzir e gerir pessoas.

Dedico, ainda, com atenção especial, aos milhares de colaboradores da Gerdau que acreditaram na possibilidade de cocriar, participativa e cooperativamente, um novo ambiente de trabalho, mais livre, responsável e feliz. O desempenho e o engajamento de cada um transformaram em realidade o que começou apenas como um sonho.

Agradeci

Registro aqui meus agradecimentos a Jorge Gerdau e Klaus Gerdau, pelo incentivo e apoio; aos colegas Paulo Vasconcellos, Dirceu Togni, Claudio Nishio, Luciana Domagala, Sílvia Englert, Helga Bulow e Tereza Alves, pela disponibilidade para prestar seus testemunhos como companheiros de jornada e por sua paciência e contribuição neste projeto, dando a justa dimensão aos conceitos e fatos aqui relatados.

Devo ainda mencionar especialmente duas pessoas que contribuíram para a melhor qualidade deste livro: Otilia Susin, pelas leituras e releituras, com críticas precisas e observações preciosas; e Carolina Rocha, por sua orientação cuidadosa e competente, por meio de sugestões, ajustes, limpeza e aperfeiçoamento de meus textos, e por sua capacidade sutil de me desafiar e de me incentivar para chegar à reta final.

Um convite para você, caro leitor

> **Das pedras e do vento, aprendi que, para mudar o horizonte, há que se descobrir nova direção: vida é o caminho que se faz!**
>
> J.A. LIMA — *SEMENTES DE ROMÃ*
> (CHIADO EDITORA, 2014)

Começo este livro exatamente no mesmo ponto em que terminei *Gestão e cultura de resultados* (Editora Gente, 2015), citando o poema de meu livro *Sementes de romã*, que se transformou em um mantra orientador de minha vida nos momentos difíceis, quando me vejo diante de novas escolhas.

Estamos à frente de um novo mundo. Precisamos escolher novos horizontes e novas direções. Os últimos anos, em especial com o impacto da pandemia de covid-19, aceleraram a chegada de uma nova era, que, dentre todas as incertezas e possibilidades a descobrir, garante uma única coisa: o medo é a maior armadilha, é o vilão silencioso capaz de impedir a evolução à qual somos todos convidados.

A transformação organizacional nunca é fácil, eu bem sei disso. Requer coragem, ousadia, dedicação, disposição e, acima de tudo, um passo definitivo de confiança em si e no outro. O modelo tradicional de comando e controle, de definição de metas e de avaliação de performance, dentro da clássica prática meritocrática que trouxe a nossa sociedade até aqui, garantiu determinado resultado e assegurou a permanência das companhias até este momento. Estou seguro, porém, de que o próximo passo só será possível se os líderes se reinventarem, mudarem a direção, abrindo-se para uma maneira completamente diferente de estabelecer e viver as relações dentro das empresas.

Embora não possa afirmar com absoluta convicção como é a sua realidade profissional hoje, arrisco dizer que, se está com este livro em mãos, é porque você também percebe a urgência de fazer alguma coisa que revele, aos que estão à sua volta, que é possível realizar algo muito maior do que a rotina à qual se acostumaram. Ou talvez você próprio sinta que precisa de novas estratégias para exercer de maneira mais assertiva o seu papel como líder, para fugir dessa angústia latente de quem tem que, heroicamente, comandar pessoas e definir os caminhos em busca de resultados.

Devo dizer, desde já, que este livro não é um guia do líder, mas um roteiro de provocações. Tratando de temas relacionados e interdependentes dentro do complexo mosaico dos papéis do líder, venho convidá-lo a repensar o seu modelo mental de liderança, que provavelmente foi criado a partir de muitas referências teóricas e forjado durante anos na vivência diária na condução de equipes.

Buscar uma nova direção pode significar esquecer as velhas lições, ou seja, talvez seja preciso desconstruir o padrão consolidado em nossa cabeça para reconstruí-lo de outro jeito, com novas premissas. Proponho, então, um desafio para que, por meio deste conteúdo, possamos juntos repensar nossos conceitos de gestão e liderança e criar novos caminhos em busca de possibilidades melhores para as organizações.

Após anos de reflexão, concluí que não faz nenhum sentido falar em modelo ideal de liderança. Liderança, para mim, é uma relação pessoal e única com cada liderado, na qual você coloca o próprio modo de pensar e agir e, a partir desse contato com o outro, constrói, dentro de um processo mutuamente transformador, a melhor maneira de essa interação funcionar, para que os objetivos mútuos sejam alcançados.

Meu desejo para as próximas páginas é compartilhar sentimentos, percepções, conhecimentos e experiências vivenciadas, com o propósito de que o diálogo que vamos estabelecer a partir de agora ilumine o caminho que você tem pela frente. Não proponho regras para liderar uma pessoa ou um grupo. Proponho reflexões que o levem a repensar a relação com cada um de seu time, para que se tornem muito maiores, mais potentes e mais realizadas.

Trago aqui meu convite pessoal para fazermos esta jornada juntos. Desejo muito que, durante a caminhada, você vá fundo e busque, dentro de si, o que tem de melhor. Não é preciso ter certezas nem verdades completas. Antes de chegar às conclusões, ainda mergulhado na própria mente, antes de ir para a ação, sempre há tempo para fazer novos ensaios, com tentativas e erros, com direito a dúvidas, a idas e vindas, permitindo-se sempre experimentar alternativas.

Imagine-se como uma pedra lançada sobre a superfície de um lago, tocando a crista das ondas, sabendo que apenas vai entender sua jornada quando chegar ao destino final, ao fundo do lago. Permita-se voar. Esqueça-se das velhas lições dogmáticas e deixe fluir sua liberdade de pensar e de criar novas direções para seus planos. Admita sempre a possibilidade do milagre. Inovar é criar um lugar aonde nunca ninguém chegou antes. Essa é nossa missão durante a leitura deste livro.

Prefácio

Todas as organizações que buscam sua perpetuação são movidas pelo desejo de evoluir constantemente, algo que só é possível com a mobilização e o engajamento das pessoas e das equipes que as compõem.

Nos mais de 50 anos que venho atuando em apoio aos Programas de Qualidade e de Produtividade, em busca da excelência de gestão das empresas, tenho aprendido que a grande missão dos líderes é a de se tornarem condutores do **processo dos processos**. O que quero dizer com isso é que o maior desafio colocado à frente de todos nós como líderes é o de construir ambientes e condições para que os colaboradores se desenvolvam de modo que se sintam seguros e capazes de construir e aperfeiçoar os processos que eles próprios executarão. O processo dos processos é o modelo de trabalho que permite autonomia, crescimento e responsabilidade compartilhada entre o líder e os liderados, gerando o necessário engajamento.

Essa visão sobre o papel do líder como um facilitador para a realização do máximo potencial humano sempre esteve presente nos longos debates que João de Lima e eu travamos ao longo das mais de duas décadas em que trabalhamos juntos, quando buscávamos nos aprofundar sobre novos conceitos em gestão de pessoas e sobre os possíveis caminhos para o desenvolvimento da organização,

Ao ser convidado para escrever o prefácio deste livro, as reflexões daqueles tempos voltaram a mim com certa nostalgia enquanto eu folheava a obra que você, caro leitor, está prestes a ler. As provocações aqui presentes e os muitos conceitos e práticas que Lima nos apresenta são resultado de análises profundas do que o cenário atual nos demanda ao mesmo tempo que revela, através de uma história real vivida nos idos anos 1990–2000, a direção que hoje inúmeras organizações estão buscando.

Lima propõe que repensemos o modelo de gestão e liderança, algo urgente e necessário para que as empresas não apenas se atualizem, mas continuem relevantes e capazes de impactar positivamente os membros de sua equipe e a própria sociedade. Assim, quero destacar alguns princípios por ele apresentados, com os quais eu comungo e que acredito serem essenciais para os próximos passos que desejamos dar para o desenvolvimento das organizações.

Durante minha leitura, o primeiro princípio que me saltou aos olhos foi o de **respeito absoluto à pessoa.** Penso ser ele a pedra fundamental e a origem de outros tantos princípios que vão se apresentando no decorrer do livro. Acredito que, quando temos esse princípio filosófico como direcionador de nossas ações, criamos reais condições de construir uma relação de contrato de vida e de trabalho para buscar o propósito, o ideal e a excelência naquilo que produzimos.

A consequência natural do respeito absoluto à pessoa é passarmos a enxergar o **potencial infinito das pessoas e de suas possibilidades de crescimento.** Assim como eu, Lima acredita com profunda certeza que o céu é o limite para o potencial de cada um quando, respeitando sua individualidade e diversidade, bem como seus desejos e aspirações, oferecemos as melhores condições para as pessoas realizarem esse potencial. Como líderes, quando oferecemos capacitação e oportunidades de crescimento verdadeiras, as possibilidades se multiplicam exponencialmente em nossas companhias.

Dentre os ensinamentos que o livro traz, parece ser condição *sine qua non* para esse crescimento exponencial o respeito ao **direito ao exercício da liberdade,** expresso através da concessão da **autonomia e do protagonismo das pessoas** quanto às suas decisões e ações no desempenho de suas funções. A organização que busca ser uma facilitadora dessa prática deve adotar uma **estrutura simples e flexível** acompanhada por um **modelo de gestão e de liderança** que abra espaço para o diálogo, a mudança e a proposição de todos para que seja possível, efetivamente, exercitar essa liberdade dos indivíduos. Colocar essa visão de organização em prática é justamente o que você poderá aprender nas próximas páginas.

Num momento de grande transformação da Gerdau, Lima e eu trabalhamos muito próximos, e foram esses princípios que alicerçaram muitas de nossas decisões. Ao relembrar a jornada que enfrentamos juntos, fiquei muito feliz ao encontrar aqui o **princípio da subsidiariedade**, apresentado na Encíclica Quadragésimo Anno, do papa Pio XI, e inteligentemente apropriado pela Ciência da Administração, que, de maneira simples, podemos traduzir livremente assim:

> **Não se deve tirar dos que estão abaixo o que eles podem decidir e resolver em seu próprio nível. Não há, pois, a necessidade de recorrer a um nível superior para sua decisão.**

Essas palavras contêm em si um conceito transformador que pode levar as organizações a repensar e a definir um novo modelo de funcionamento quanto a sua estrutura e as suas linhas de comunicação, reforçando principalmente a prática da autonomia e da autogestão dos indivíduos e das equipes.

Esse princípio, com tal clareza cristalina, passou a ser a lei áurea em várias decisões que envolveram as transformações organizacionais na Gerdau, como, por exemplo, a implantação do **Gestão com Foco no Operador (GFO)**, tão bem descrita no capítulo 7, além da criação das **Unidades de Negócio** e das **Células de Negócio**.

Liberdade para liderar: a nova liderança para tempos complexos é uma leitura valiosa porque, além desses conceitos e princípios se tornarem mais imprescindíveis a cada dia para todos os líderes, Lima tece essas reflexões de modo a coroar nossa experiência com o conceito do **propósito maior.** Mais do que oferecer um trabalho, uma função, a organização por meio de sua missão, visão e valores e por intermédio das palavras e do exemplo de suas lideranças, deve oferecer ao colaborador um **propósito maior**, dando uma dimensão significativa a sua contribuição, incluindo-o, reconhecendo-o e fazendo-o se sentir parte essencial e necessária para a existência e o sucesso do negócio, que deve beneficiar a toda a sociedade.

Se o grande desafio da liderança no mundo inteiro é aumentar o engajamento das equipes, conforme descrito no capítulo 1, posso afirmar de antemão que as próximas páginas oferecem caminhos para construirmos organizações prósperas e fortes cujos resultados serão significativamente mais positivos para todos.

Tenho certeza de que, assim como eu, os leitores se deliciarão com as ideias instigantes que João de Lima vai distribuindo pelas páginas e, ao fim do livro, não sairão aqueles mesmos que começaram a lê-lo. Serão outros, já transformados e convictos das mudanças que desejam realizar.

Desejo muito sucesso a todos nesta empreitada!

Jorge Gerdau Johannpeter
Empresário, ex-CEO, ex-presidente do Conselho de Administração e atual membro do Grupo Controlador da Gerdau

24	UM AVISO
30	CAPÍTULO 1 A SOLUÇÃO ESTÁ ALÉM DOS PROCESSOS
48	CAPÍTULO 2 A COMPLEXIDADE É O NOVO ESTADO PERMANENTE
62	CAPÍTULO 3 A LIDERANÇA QUE LIBERTA
82	CAPÍTULO 4 DO DESEQUILÍBRIO À VANTAGEM COMPETITIVA
104	CAPÍTULO 5 OS NOVOS SUJEITOS DAS ORGANIZAÇÕES
120	CAPÍTULO 6 O LÍDER NECESSÁRIO
142	CAPÍTULO 7 UMA JORNADA TRANSFORMADORA
178	CAPÍTULO 8 A AUTONOMIA VERDADEIRA
194	MENSAGEM FINAL LIBERDADE PARA ALCANÇAR O INFINITO
204	REFERÊNCIAS BIBLIOGRÁFICAS

ch # Sumário

Um aviso

> **Somos assim. Sonhamos com o voo, mas tememos as alturas. Para voar é preciso amar o vazio. Porque o voo só acontece se houver o vazio. O vazio é o espaço da liberdade, a ausência de certezas. Os homens querem voar, mas temem o vazio. Não podem viver sem certezas. Por isso trocam o voo por gaiolas. As gaiolas são o lugar onde as certezas moram.**
>
> FIÓDOR DOSTOIÉVSKI — *OS IRMÃOS KARAMAZOV* (EDITORA ABRIL, 1970)

Eu acredito que a decisão de escrever um livro não é exatamente do autor. Ele é apenas o instrumento dos questionamentos que surgem diante da realidade a sua frente. O livro não nasce, portanto, das certezas do escritor. Ao contrário, nasce de suas dúvidas e angústias frente a um tema que passa a incomodá-lo insistentemente. Cabe-lhe, então, se posicionar diante da questão e contribuir na busca por uma resposta. Foi assim que nasceu este livro.

Após o lançamento da minha obra *Gestão e cultura de resultados*, viajei Brasil afora fazendo palestras, dando workshops, fornecendo consultorias junto a pequenas e médias empresas. Para preparar esses trabalhos, utilizava o conteúdo do livro como roteiro, mas incluía sempre um antigo slide que usava ainda no tempo em que trabalhava como executivo. Eu tinha ajudado a liderar grandes projetos de transformação, tanto na Gerdau quanto na Magnesita/GP Investments.

Nesses encontros com líderes, durante as palestras, no momento da exortação em que os convocava para os desafios da mudança, sempre usava um slide muito simples, mas que resumia a minha crença principal sobre o processo de transformação. Ele chamava os espectadores de maneira direta, por meio de três enunciados com letras maiúsculas, para aqueles conceitos que eu queria especialmente reforçar:

> A TRANSFORMAÇÃO não acontece NEM POR MEIO NEM APESAR das PESSOAS, acontece COM AS PESSOAS.
>
> Cabe ao líder transformá-las em COLABORADORES, COAUTORES, COATORES E COSSÓCIOS.
>
> COCONSTRUÇÃO = AUTONOMIA + AUTORIA + PROTAGONISMO

Nessa peregrinação pelas empresas, falando sobre o conteúdo do meu livro, continuei usando o mesmo velho slide. Sempre que eu destrinchava cada uma das palavras desses enunciados, surgia uma dúvida em mim, uma pequena interrogação que me incomodava: *por que eu tinha a necessidade de ainda usar aquele slide tão antigo se me parecia que o mesmo conteúdo já estava exposto em Gestão e cultura de resultados? Por que não usar o que constava no meu livro?*

Depois do lançamento da obra em 2015, que teve rapidamente quatro reimpressões, o mundo alterou completamente seu giro pela crescente revolução digital nos negócios, pelos efeitos das mídias sociais nas pessoas e, principalmente, pelos efeitos da pandemia de covid-19, impactando definitivamente o universo das organizações e a sociedade como um todo. Depois de lançado o livro, frente às tantas demandas profissionais como consultor de empresas e palestrante, eu ainda não havia tido a oportunidade de fazer uma releitura de seu conteúdo para uma primeira atualização. Diante de tamanha metamorfose pela qual estava passando a humanidade, achei que talvez fosse o momento ideal para fazer uma revisão do texto do meu livro, a fim de realizar possíveis ajustes sobre a nova realidade e resolver aquela dúvida que martelava minha mente.

Antes de rever todo o conteúdo da obra, fui direto para a parte 5, "Desvendando o triângulo – liderança". Li e reli o texto várias vezes. Ali estava bem clara a definição que eu dera:

> Líder transformador **é aquele que obtém das pessoas** o melhor que elas poderiam dar para potencializar seu máximo resultado. Ele é um catalisador que transforma o potencial em realidade. Transforma, por meio de sua atitude e sua ação, o comprometimento pleno em desempenho superior para obter os resultados desejados.

Imediatamente me dei conta de que, diante dos meus olhos, estava a contradição frente à definição do velho slide. Ali estava o viés a ser corrigido. Naquela definição, o líder aparece de maneira diretiva, como o agente principal, o protagonista de cujo comando e controle surgem as ações necessárias para garantir os resultados desejados. Essa não era a forma como eu pensava sobre gestão e liderança e que experimentei como líder nos processos de transformação das empresas em que trabalhei.

Diante de tantas mudanças políticas, sociais e comportamentais que têm vindo acompanhadas pela demanda, cada vez mais incisiva, de pessoas por mais participação e protagonismo, senti uma urgência interior de redefinir o sujeito do meu conceito de liderança nas organizações: o líder não é mais o centro e as pessoas não são mais os meios para o líder obter resultados. Vi a premente necessidade de reinterpretar o que escrevi e ajustar a uma nova perspectiva, ao mesmo tempo em que percebi a importância de dar um passo além.

Durante o processo de rever e desconstruir o que escrevi em meu livro anterior, entretanto, tomei uma decisão maior do que apenas revisar o que constava nele. Optei por iniciar esta nova obra para dar a dimensão de liderança necessária para estes tempos tão complexos e, ao mesmo tempo, refletir sobre seus naturais reflexos no processo de gestão. Gestão e liderança se interdependem e se influenciam mutuamente. Meu objetivo com o livro que está agora em suas mãos é definir, com mais precisão neste contexto, o líder flexível, o que não se confunde com vulnerável. O líder desafiador e, ao mesmo tempo, encorajador, aquele que engaja e estimula o engajamento, e que também aponta o caminho, que tem presentes as demandas da empresa, e não esquece que seus colaboradores também têm aspirações e desejos, revelando como tudo isso, quando afinado, impulsiona os resultados.

O líder, de maneira construtiva, colaborativa e participativa, passa a ser o meio que possibilita e potencializa o time para chegar aos resultados com os quais todos se comprometeram. Esse novo líder é capaz de perceber como as partes compõem o todo, assim como vê o todo expresso plenamente em cada uma de suas partes.

Os conceitos e práticas de gestão e liderança aos quais estamos acostumados já não funcionam. Eles foram concebidos e construídos para uma realidade que não existe mais. As organizações precisam mudar, mas não é possível avançar sem, antes, desconstruir as estruturas enraizadas no comportamento e nas expectativas de como as coisas "devem" funcionar no ambiente do trabalho.

Se você busca empoderar a sua organização, a visão que compartilharei a seguir é extremamente libertadora. No entanto, essa liberdade vem também com mudanças profundas e, até que elas sejam incorporadas como um fluxo natural, há um processo de ressignificação importante a ser feito. Somente depois disso é que estaremos aptos a desbravar novos caminhos que sejam, de fato, inovadores e que nos ajudem a enfrentar os desafios que teremos pela frente.

Nas próximas páginas, navegaremos por reflexões e ações práticas, a fim de encontrar o verdadeiro propósito das empresas e do seu papel como líder. Não é minha intenção lhe entregar um plano de voo controlado, com pontos de partida e chegada previamente estabelecidos. Meu objetivo é compartilhar minha experiência e alguns aprendizados, que poderão sugerir estratégias ou até fornecer ferramentas para que, mais do que seguir um plano, você deixe de temer o vazio e aceite este convite para enxergar novas maneiras de se posicionar e de conduzir o seu papel na organização em que atua. Nessa nova relação possível, você estabelecerá um vínculo de confiança ainda mais forte com aqueles que estão ao seu lado para percorrerem, juntos, novas direções e construírem uma nova trajetória coletiva e significativa.

CAPÍTULO 1

A solu
além
dos pro

ção está
cessos

> Peter Drucker escreveu: 'Há apenas uma definição válida para o propósito do negócio: criar clientes'. Nós gostamos disso também. Mas não é o suficiente para o novo ambiente de trabalho. O novo propósito do negócio – e do futuro do trabalho – deve também incluir maximizar o potencial humano.

JIM CLIFTON E JIM HARTER — *IT'S THE MANAGER* (GALLUP PRESS, 2019)

Era minha intenção escrever um novo livro com o foco principal em liderança. Desejava compartilhar com meus leitores reflexões, crenças e experiências de minha vida executiva sobre esse tema tão importante. Já tinha vasculhado todos os arquivos de meu material particular e estava no meio da pesquisa bibliográfica quando, retornando de uma viagem ao exterior, numa livraria do aeroporto de Washington, encontrei um título que me chamou muito a atenção.

Em *It's The Manager*, os autores Jim Clifton e Jim Harter, no maior estudo global realizado pela consultoria Gallup sobre o futuro do trabalho, concluem que a qualidade dos gestores e dos líderes das equipes é o fator mais importante para o sucesso de longo prazo de uma organização. Para esse estudo, os pesquisadores da Gallup entrevistaram dezenas de milhões de profissionais em mais de 160 países, além de mais de trezentos gestores de Recursos Humanos das maiores organizações do mundo e diversos economistas renomados. Percebi, então, que o livro poderia servir como uma boa fonte de pesquisa.

Nele, os autores concluem de plano que um dos problemas mais sérios, a curto prazo, é o declínio de 50% do crescimento global do PIB per capita, resultante da queda contínua da produtividade das organizações. Julgam, entretanto, que parte disso pode ser resolvido por eficientes sistemas de gestão apoiados pelo Seis Sigma, desenvolvido por Bill Smith nos anos 1980, quando trabalhava na Motorola; pelo sistema Lean, que se inspirou no modelo de trabalho da Toyota em 1988; ou por outros tantos sistemas e ferramentas disponíveis para aperfeiçoar os processos.

Para Clifton e Harter, entretanto, o problema maior não é a escolha do método de gestão, mas a própria visão do significado e dos objetivos da própria gestão. Nos últimos trinta anos, o mundo tem mudado radical e profundamente, com novas vozes se levantando com a clara demanda por maior participação e protagonismo das pessoas, além do surgimento de espaços de expressão coletiva. No entanto, no mundo das organizações, com a exceção honrosa daquelas empresas mais atentas e progressistas, as práticas de gestão ficaram estagnadas no tempo, trazendo consequências diretas ao ambiente do trabalho.

As falhas nos processos não são os pontos mais graves a serem corrigidos de imediato. *It's The Manager* provoca os líderes ao mostrar que o fator capaz de transformar positivamente a produtividade das organizações é reconhecer e maximizar o potencial humano – não por acaso, esta é a principal demanda dos próprios profissionais.

Depois de debulhar dados estarrecedores e mostrar uma situação mundial calamitosa, os autores sentenciam, em um julgamento, os gestores e líderes das equipes como os principais responsáveis por esse quadro desolador. O papel de bandido sobrou para os gestores, os principais bodes expiatórios de tudo, que se veem carregando um fardo pesado demais, acompanhado de grande frustração. Porém, se está na liderança a causa, está nela também a solução.

Entendendo a dimensão do desafio

"O que está acontecendo nas nossas sociedades amadurecidas é muito mais fundamental, confuso e desolador do que eu esperava... Parte da confusão provém da nossa preocupação com eficiência e crescimento econômico, na convicção de que estas coisas são os ingredientes necessários para o progresso. Na procura destas metas podemos ser tentados a esquecer que somos nós, homens e mulheres, que devemos ser a medida de todas as coisas, não feitos à medida para uma outra coisa."

CHARLES B. HANDY — *A ERA DO PARADOXO* (MAKRON, 1995)

Conforme avancei na leitura de *It's The Manager*, ficou evidente, também, a percepção dos autores de que é preciso repensar o propósito dos negócios, a fim de que sejam orientados para o crescimento das pessoas. Essa conquista, porém, não se dá pelos processos. A solução está com as pessoas e na certeza de que, ao desenvolvê-las, os resultados para o negócio também serão potencializados.

Essa afirmação se justifica tanto mais pelo fato de que a mudança cultural proposta se alinha com o maior desejo dos trabalhadores, como uma reivindicação geral. Os velhos sonhos que permaneceram por oito décadas no topo das pesquisas consecutivas do Gallup, de constituir uma família, ter filhos, adquirir a casa própria e viver em paz ainda existem, mas em segundo plano. O atual grande sonho dos profissionais é obter um bom emprego, que, segundo a pesquisa, traduz-se, para eles, em um bom trabalho, com um bom salário e **um gerente ou líder que os encoraje e apoie seu desenvolvimento**. Estão atrás de líderes que se preocupem com sua ascensão e que lhe ofereçam orientação e coaching continuamente. Procuram parceiros verdadeiros para seu crescimento pessoal e profissional, de modo que sua contribuição seja mais significativa para a organização e para a sociedade como um todo.

Ainda segundo a pesquisa, ao estabelecer esse tipo de relação com a liderança, as pessoas se sentem engajadas e vinculadas ao negócio, pois sentem que fazem parte de um trabalho significativo e realizador e experimentam crescimento individual e desenvolvimento profissional palpáveis no ambiente de trabalho. Assim os líderes devem ter para si que quando o time como um todo não cresce, não se desenvolve, acontece o mesmo com suas empresas. E quando suas empresas não crescem, elas fecham ou são adquiridas pelos concorrentes.

Essa análise destacou também que as pessoas que veem seus trabalhos como significativos e autorrealizadores experimentam o crescimento real e um bom nível de desenvolvimento. Pessoas plenamente engajadas fazem o negócio expandir, inspiram as equipes e resolvem problemas em vez de criá-los, voluntariam-se em suas comunidades, levam uma vida mais saudável, experimentam um grande bem-estar emocional, sofrem menos acidentes de trabalho e cometem menos erros.

Então, ao pensar a relação ideal dentro de uma empresa que oferece um ambiente psicologicamente seguro e de pleno respeito à individualidade e à singularidade, o que esperamos alcançar ao lado das equipes é:

- Alinhamento com a cultura e com os objetivos da organização;
- Significado e propósito no trabalho;
- Disposição para dar o seu máximo em busca dos objetivos;
- Desejo de continuar pertencendo à organização.

Porém, não é isso que costumamos encontrar. Partindo dos dados encontrados pela pesquisa apresentada em *It's The Manager*, o nível médio global de engajamento é de apenas 15%, enquanto o Japão, país sempre tomado como referência nos índices de desempenho, apresenta um nível médio de engajamento de apenas 6%. Este número representa menos do que a metade do nível médio global. Os Estados Unidos apresentam um índice bem melhor, sendo mais do que o dobro do que o índice global (34%), embora ainda muito aquém do nível ideal de 50%, proposto para transformar o mundo corporativo. Neste momento, faz-se necessário o exercício de pensar no índice dos desengajados. Para nosso espanto, a nível global, o número apavorante é 85%.

O compromisso de todas as lideranças nos diversos escalões a buscar a mudança cultural em prol da maximização do potencial humano é um esforço que vale a pena. Apenas a título de uma pequena reflexão, os dados das empresas pesquisadas pelo Gallup que possuem alto engajamento e comprometimento são positivamente surpreendentes:

- 41% menos absenteísmo (falta ou atraso no cumprimento dos deveres);
- 24% menos *turnover* em empresas de alta rotatividade;
- 59% menos *turnover* em empresa de baixa rotatividade;
- 70% menos acidentes de trabalho;
- 40% menos falhas de qualidade;
- 10% mais alta na pontuação de satisfação dos clientes;
- 17% mais produtivas;
- 20% mais de vendas;
- 21% mais lucrativas.

Acredito que os dois vetores principais para garantir resultados superiores são o desempenho e o engajamento dos colaboradores, sendo ambas as alavancas interdependentes que podem ser impulsionadas pela atuação dos líderes. É simples: mais engajamento gera mais desempenho, mais desempenho gera mais resultados, e mais resultados geram ainda mais engajamento, num círculo virtuoso infinito, conforme apresentado na figura a seguir.

Pessoas **plenamente engajadas** fazem o negócio <u>expandir</u>, <u>inspiram as equipes</u> e **resolvem problemas** em vez de criá-los.

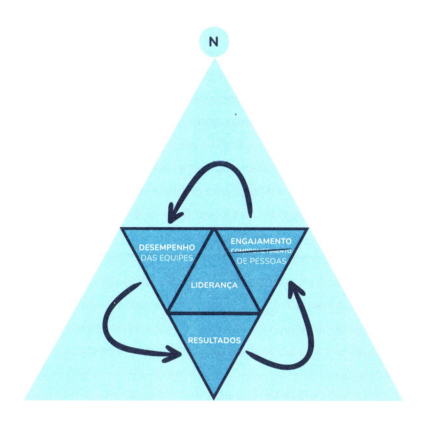

Durante anos, inclusive em meu livro anterior, utilizei o termo **comprometimento**, mas resolvi substituí-lo por **engajamento**, não apenas para acompanhar a tendência mundial, mas por entender sua etimologia. **Engager**, do francês, significa comprometer-se com uma causa, com um propósito maior. Vai além da dimensão concreta do trabalho.

Desempenho pode ser obtido por meio de um bom sistema de gestão e por ferramentas e mecanismos clássicos de correção de desvios e de aperfeiçoamento dos processos. Engajamento, por sua vez, é um resultado mais complexo. Trata-se de algo interno, de dentro para fora, cuja gestão passa pela relação, compreensão e respeito às diferentes possibilidades de cada indivíduo, reconhecendo e desenvolvendo seu potencial e atendendo a suas necessidades, expectativas e aspirações.

Para finalizar o diagnóstico, a pesquisa conclui que 70% da variação do engajamento da equipe é determinada unicamente pela condução do gerente ou do líder da equipe. A esta altura, nenhuma novidade. Definitivamente, o título, cuja tradução livre seria *É o gerente!*, já explicita essa visão. Ele é o responsável por tudo isso!

Àquela altura, eu estava começando a me dar conta da profundidade dos desafios encarados por líderes de todos os escalões frente a suas equipes. Ficava claro que os modelos de liderança utilizados nas últimas décadas, com suas teorias e propostas, não tinham alcançado os resultados necessários.

Então, diferentemente do que já foi proposto nas teorias de liderança, nas quais o protagonista é o líder, enquadrando-o em arquétipos, tipologias, quadrantes e características necessárias, concluí que seria preciso mudar o foco para construir uma obra realmente útil.

Senti a necessidade de repensar a liderança a partir da perspectiva dos indivíduos e equipes, levando em consideração seu potencial, suas necessidades, expectativas e aspirações. Mais do que isso, reconsiderando seus reflexos nas mais diversas dimensões organizacionais, desde as práticas de gestão, a estrutura e o funcionamento das relações de poder, os conceitos de autoridade e de responsabilidade, até a revisão do malfadado binômio do comando e controle. Na realidade, o que pretendo é mais do que um novo modelo de gestão e de liderança: quero propor um novo modelo de relação dentro do triângulo **organização – líderes – liderados.**

Não valeria a pena escrever um livro para repetir as mesmas lições que outros autores já haviam explorado, propondo mudanças apenas cosméticas que sugerem uma nova aparência dos conceitos e das relações, mas no fim permanecem com a mesma essência: **comando e controle.**

Tudo pode piorar ainda mais

Pelo que se pode ver até agora, o mundo e a sociedade e, com eles, as pessoas, têm passado por uma extraordinária mudança. A tecnologia e as teorias de administração evoluíram, mas as práticas de gestão, de maneira geral, pararam no tempo nas últimas décadas. Nada, portanto, me admira os dados da pesquisa Gallup. As práticas de gestão e liderança têm estado muito longe de como as pessoas querem viver, trabalhar e experimentar sua própria vida.

Não bastasse tudo isso, em 2020 o mundo se deparou com a pandemia de covid-19 para piorar o cenário. Não sei por quê, mas associei este momento com a imagem de um rebanho que se dispersa. Quando isso acontece, é muito difícil que os cães, que no pastoreio são responsáveis por controlar as ovelhas e mantê-las em ordem, ouçam a voz do pastor guiando-as pelo caminho que devem seguir. O pastor, por sua vez, fica dividido: não consegue acompanhar os cães e não dá conta de socorrer as ovelhas que, porventura, estejam desgarradas ou enfrentando algum risco. Ele está sozinho e precisa agir rapidamente para que a dispersão seja resolvida quanto antes e seu rebanho se agrupe novamente.

Assim como a voz de comando do pastor com seus gritos condicionantes não consegue alcançar os cães que deviam recolher o rebanho disperso, a voz do líder não vai mais alcançar a equipe que se viu obrigada a repensar a relação com a empresa (pela possibilidade ou não de experimentar a flexibilidade do home office), nem conseguirá continuar impondo os mesmos sistemas de controle que, assim como as cercas e os cães, desabaram pela distância imposta pelo isolamento social. O bom trabalho depende da boa condução dos líderes. E quando a mudança é impositiva, se apresenta mais um desafio que deve ser superado pelos líderes.

Novas demandas, alta pressão e um modelo de liderança obsoleto

Durante quarenta anos, desempenhei funções de liderança... Tempos em que o líder existia para ser seguido, colocando em ação as frases dogmáticas e as práticas de avaliação meritocrática, exemplificadas pelo líder máximo Jack Welch, renomado autor e executivo que liderou a transformação da General Electric na década de 1980.

Os tempos mudaram, o mundo mudou e as gerações mudaram. É muito difícil ser líder nos tempos de hoje. Mais do que difícil, é estressante, frustrante e amedrontador.

Estamos vivendo em um mundo extremamente caótico, sem qualquer condição de controle, no qual as empresas e os líderes se sentem confusos, sem saber como se posicionar dentro da nova realidade. Grande parte da alta administração se apresenta bastante frustrada com o desempenho dos líderes e com a capacidade deles de realizar as transformações urgentes e necessárias para a sobrevivência e o crescimento das empresas. Espera-se deles novas direções, sem que lhes sejam oferecidas as bases para que tenham condições de construir esses novos caminhos.

Pelo que acabamos de ver na pesquisa mundial da Gallup, apesar de todo o sistema de comando e controle das práticas de liderança vigentes, o nível médio global de engajamento se apresenta baixíssimo (15%) e tem afetado, em efeito cascata, de modo importante, todos os indicadores de pessoal (produtividade, segurança, rotatividade, absentismo, satisfação no trabalho etc.) e do negócio (lucratividade, vendas etc.), provocando, nos líderes, a sensação de impotência.

Somada a isso, há a necessidade de compreensão das novas gerações X, Y, Z e millenials, que apresentam novos comportamentos e demandas específicas, novos valores e um jeito diferente de pensar e se comportar frente à autoridade e à hierarquia organizacional, assumindo rapidamente as posições até então ocupadas pelas gerações dominantes.

Os novos tempos e a demanda por novos comportamentos trazem também a urgência de as empresas assumirem novas medidas para uma atuação sistêmica que busca uma contribuição positiva do negócio para todos os envolvidos sob o prisma do longo prazo. As organizações são convocadas a praticarem uma visão ampla de sustentabilidade orientada pela sigla ESG, do inglês, *environmental, social and governance*, ou, em português, ASG: ambiental, social e governança.

> "Loucura é querer resultados diferentes fazendo tudo exatamente igual."
> **ALBERT EINSTEIN**

Assumindo postura radical, tal qual um "mude ou morra", a indústria da mudança tem se aproveitado da fragilidade atual e não deixa o indivíduo respirar, lançando, quase que diariamente, produtos e mensagens de salvação. Checklists para a empregabilidade, receitas para adquirir novas capacitações, seminários, artigos, livros novos que anunciam a "última palavra em gerenciamento", enfim, um verdadeiro arsenal de materiais.

Chega-se a pensar que somente "super-homens" poderão resolver o futuro das organizações que necessitam de alguém orientado para tarefas de modo organizado, sistemático e completo. Exige-se que tal pessoa tenha visão global, seja criativa e esteja disposta a assumir riscos. Além disso, deve ser sensível às necessidades dos demais, além de ser exímia formadora de equipes e, não obstante, deve se sentir plenamente pronta para ser dispensável.

Tal pressão faz qualquer líder se sentir frágil em seu papel, especialmente quando ele não conseguir obter de seus liderados o engajamento tão necessário para o desempenho desejado, a fim de que atinjam as metas. Essa liderança se perceberá insegura por não se sentir efetiva nos processos de transformação demandados pelas organizações.

Como determinar, então, o caminho a seguir e decidir, inclusive, o próprio futuro? O temor vem por não encontrar uma saída, porque a transformação necessária vai além de seu papel, passando pela necessidade de rever todo o modelo organizacional que o aprisiona dentro da própria gaiola.

Romper com os velhos paradigmas

"Velhos costumes não morrem fácil. Apesar de toda a evidência de que o mundo está mudando, nos apegamos ao que funcionou no passado. Nós ainda pensamos nas organizações em termos mecânicos, redesenhando suas funções como se fôssemos preparar um diagrama de engenharia, esperando que elas desempenhem conforme as especificações, com a obediência de uma máquina. Anos afora, nossas ideias de liderança têm se apoiado neste mito metafórico. Nós buscamos a predição e o controle e ainda responsabilizamos os líderes para providenciar o que estava ausente nesta máquina: visão, inspiração, inteligência e coragem. Eles, sozinhos, devem prover energia e direção para movimentar esses veículos enferrujados das organizações para o futuro."

MARGARET WHEATLEY — *LEADER TO LEADER*, 1997, TRADUÇÃO LIVRE

É <u>simples</u>: mais **engajamento** gera mais desempenho, mais **desempenho** gera mais resultados, e mais **resultados** geram ainda mais engajamento, num <u>círculo virtuoso infinito</u>.

Cristalizou-se nas organizações um modelo de gestão e liderança já ultrapassado, baseado na hierarquia da Igreja e na estrutura militar, com uma única linha de comando e com amplitude de controle claramente definido. Esse sistema age sob o binômio do comando e do controle, com dificuldade para responder às demandas atuais que primam por agilidade e inovação, como forma de não perder as rédeas e garantir os resultados com o mínimo de risco possível. Líderes e liderados, todos estão presos dentro da mesma gaiola.

O processo de capacitação de líderes tem reforçado o binômio do comando e do controle apenas propondo modulações na maneira de aplicá-lo. A partir de estudos e modelos acadêmicos, propõe padrões comportamentais que não levam em consideração um novo sujeito que já chegou, dentro de uma nova realidade social, com demandas mais libertárias e igualitárias dentro de um mundo em contínua transformação.

Grande parte das organizações, com medo de ousar na busca por soluções fora do quadrado, repete os mesmos caminhos, apenas com pequenos ajustes de manejo, perdendo a oportunidade, principalmente em momentos de crise, de repensar os padrões de organização, o tipo de estrutura, as práticas de gestão e liderança, as formas de trabalho, as relações de poder e autoridade e a maneira de gerir pessoas para obter seu máximo potencial.

Tudo que se fez até agora em termos organizacionais resultou nos índices apresentados pela pesquisa da Gallup: um grande fracasso de gestão e liderança. Faz-se necessário repensar o modelo de organização, que direcione a um novo tipo de liderança, a fim de atender surpreendentemente, de forma positiva, as gerações que estão chegando ao mercado de trabalho com novas expectativas, desejosas por autonomia para tomar decisões, por projetos que as desafiem e por ambientes que lhes gerem prazer. Deve-se pensar em algo que seja disruptivo. O resto já é passado.

As organizações e seus dirigentes ainda não chegaram ao entendimento necessário da importância dos conceitos da Teoria da Complexidade e de seu impacto no mundo e nas empresas. O cenário vai lhes exigir cada vez mais flexibilidade, velocidade, resiliência e apoio para soluções criativas, inovadoras e radicais, para competir, sobreviver e crescer.

Se isso não acontecer, os líderes vão continuar se sentindo aprisionados. Sem a transformação necessária, vão permanecer sendo responsabilizados pelas organizações como os culpados pelo quadro insatisfatório dos indicadores de pessoal e dos negócios, e pelo baixo nível de engajamento das equipes.

Está nas mãos dos líderes, em todos os níveis e de todos os escalões, essa transformação tão necessária para mudar o quadro que vivemos até agora. Este é um momento propício para o rompimento dos modelos vigentes de organização e liderança na sua dimensão mais ampla possível. É hora de dizer adeus ao comando e controle!

CAPÍTULO 2

A comple
é o novo
perma

xidade
estado
nente

Os últimos trinta anos foram turbulentamente marcados por eventos significativos que transformaram o cenário mundial. Foram três décadas de eventos avassaladores que atropelaram a estabilidade e o equilíbrio da humanidade. Dentre eles, podem-se citar:

- Queda do Muro de Berlim em 1989;
- Protesto na Praça da Paz Celestial em 1989;
- Fim da Guerra Fria em 1991;
- Queda das Torres Gêmeas em 2001;
- Surgimento da WikiLeaks em 2006;
- Crise financeira mundial do subprime em 2008;
- Primavera Árabe em 2010;
- Covid-19 em 2020.

Para o nosso propósito, vou destacar apenas três da lista acima pela dimensão de sua abrangência e pela consequência de seus efeitos em cascata a nível mundial.

O primeiro, **a queda do Muro de Berlim**, em novembro de 1989, que representava a Alemanha derrotada na Segunda Guerra Mundial e dividida entre interesses ingleses, franceses, norte-americanos e soviéticos e se tornou palco de um conflito político ideológico e econômico, separando o mundo em duas polaridades: capitalista e comunista. A queda do Muro, que durante 28 anos foi o símbolo da divisão do mundo, realizada por cidadãos comuns de ambos os lados, com pás, picaretas e outros instrumentos, decretou a reunificação da Alemanha e o caminho para o fim da Guerra Fria, que aconteceria em menos de dois anos, com o fim da União Soviética e, por consequência, a total mudança geopolítica do mundo.

O segundo foi **a crise do subprime em 2008**, a maior crise econômico-financeira depois da Grande Depressão de 1929, deflagrada pela quebra de um dos mais tradicionais bancos de investimentos dos Estados Unidos, o Lehman Brothers, que levou as bolsas de valores do mundo inteiro a uma grande debacle, cujas consequências estão presentes no mundo até hoje.

A crise alcançou a economia brasileira, cujo maior impacto se deu na exportação dos produtos nacionais, no excesso de flexibilizações fiscais e no aumento da nossa dependência em commodities, pois desacelerou-se o processo de industrialização que ocorria aqui. Embora o impacto inicial tenha sido mais ameno do que em outros lugares do mundo, a longo prazo percebemos como as medidas daquele momento fragilizaram a economia para os desafios atuais. Depois de 2008, o mundo dos negócios se tornou ainda mais instável, ambíguo, incerto e caótico.

O terceiro, mais recente e profundo, foi a **pandemia mundial causada pela covid-19**, no início de 2020, com efeitos extremamente devastadores, milhões de vidas perdidas no mundo, danos nos campos político, econômico e social incalculáveis – além de um longo processo que ainda temos pela frente para contabilizar todas as marcas que a doença deixará no mundo e, especialmente, no Brasil. Essa é a maior catástrofe mundial dos últimos cem anos, sem dúvida. Uma verdadeira hecatombe humana, cujos efeitos políticos, econômicos e sociais – além de indicadores como nível de desemprego e pobreza – deverão levar ainda décadas para voltar aos níveis anteriores – que já eram muito preocupantes e desafiadores.

Como explicar que aquele primeiro golpe de picareta, ou aquele primeiro crédito imobiliário irresponsável ou ainda aquele primeiro paciente infectado na longínqua cidade de Wuhan fossem resultar nas complexas consequências que conhecemos?

Todos os efeitos decorrentes desses eventos não são facilmente explicáveis pelos princípios determinísticos newtonianos nem pela convincente lógica cartesiana. As consequências desses três importantes acontecimentos que transformaram a história da humanidade apenas vieram reforçar o que aprendi alguns anos antes, quando escrevi meu primeiro livro. Estou aqui me referindo à Teoria da Complexidade, principalmente no que se relaciona ao efeito borboleta, influenciando diretamente a vidas das sociedades e organizações.

A minha visão sobre o mundo e as organizações se transformou à medida em que aprofundei minhas pesquisas sobre a Teoria da Complexidade – também chamada de Teoria do Caos e, mais recentemente, denominada de Nova Ciência – para escrever *Gestão e cultura de resultados*. Na obra, a estrutura do modelo de gestão proposto se fundamenta nos fractais, elemento integrante dos conceitos propostos nessa teoria.

A Nova Ciência é o resultado sintético de descobertas e conclusões nos campos da Física, Biologia, Matemática, Sociologia e outras tantas ciências que ganharam novas dimensões por meio do trabalho de cientistas como Edward Lorenz, Benoît Mandelbrot, Fritjof Capra, Humberto Maturana, Peter Gleick e outros. O que há de novo na ciência para se falar em Nova Ciência?

Ela se contrapõe a Newton e Descartes. Os paradigmas científicos criados por Newton preconizavam que o mundo é uma grande máquina que obedece a regras lineares, fixas e determinadas, e que o estado natural de qualquer sistema é o equilíbrio. Uma de suas leis afirmava que, ao se interromper o movimento de um pêndulo, dando-lhe um impulso, ele em seguida voltaria ao seu ritmo inicial.

Com Descartes aprendemos que, para entender um sistema, devia-se olhar a sua causa e seu efeito e, ao dividi-lo em partes cada vez menores, seria mais fácil entendê-lo. De cima para baixo, do geral para o específico. Ou seja, para Descartes, o mundo real é um campo complexo e extenso demais para ser apreendido no todo. Ele deve ser dividido continuamente para poder ser compreendido.

No início da década de 1960, porém, houve uma grande reviravolta nesses conceitos. Edward Lorenz, meteorologista, matemático e filósofo estadunidense, a partir de seus estudos sobre a previsão do tempo utilizando fórmulas em um computador da IBM, chegou a algumas conclusões que mudaram a percepção da comunidade científica.

A primeira delas, conhecida por efeito borboleta, tornou-se o conceito seminal da Teoria da Complexidade. Ela diz que a alteração de uma condição inicial em um sistema complexo poderá, ao longo do tempo, provocar desvios radicais no sistema como um todo. Ou seja, pequenas causas podem levar a grandes efeitos. Usando o exemplo clássico, já tantas vezes citado, "o bater das asas de uma borboleta na Amazônia pode causar um tornado no Texas".

Na década de 1990, estudiosos da US Army War College tentaram simplificar a nova visão do mundo pós-Guerra Fria através do acróstico VUCA (*volatile, uncertain, complex, ambiguous*, em inglês, ou **volátil, incerto, complexo e ambíguo**, em português). O mesmo acróstico começou a ser utilizado popularmente nas

---

A metáfora do efeito borboleta foi usada a primeira vez pelo meteorologista Edward Lorenz, professor do Instituto de Tecnologia Meteorológica de Massachusetts, em 1969, no 139 American Association for the Advancement of Science (Encontro da Associação Americana para o Avanço da Ciência).

HARVARD BUSINESS REVIEW. *What VUCA Really Means for You*. Disponível em: <https://hbr.org/2014/01/what-vuca-really-means-for-you>. Acesso: 27 jan. 2022.

organizações, antevendo como funcionaria o mundo dos negócios na era pós-digital. Nem os criadores do acróstico, nem os nerds digitais tinham a mínima ideia do mundo VUCA que viria após a pandemia de covid-19. Um verdadeiro **caos**.

Não satisfeito com a definição expressa pelo VUCA, o antropólogo Jamais Cascio criou, então, o ainda mais maluco BANI (*brittle, anxious, nonlinear, incomprehensible*), ou FANI (**frágil, ansioso, não linear e incompreensível**)[3], que reflete de maneira mais concreta as relações do mundo após a pandemia – exponencialmente aceleradas pela necessidade de usar a tecnologia digital para superar as limitações por ela impostas.

Nesse mundo, um vírus surgido na China gera colapso global, uma declaração desastrada de um executivo destrói o valor de uma empresa, um acidente climático alavanca o preço de commodities, o desenvolvimento de uma nova tecnologia acelera o progresso e destrói milhares de empregos. Tudo no átimo de um segundo.

Diante disso, percebemos que as relações lineares de causa-efeito e os fenômenos simples são exceção. A regra é a existência de sistemas complexos que respondem a estímulos de modo irregular e que, dependendo das condições iniciais, podem ampliar drasticamente o impacto desses mesmos estímulos.

Enquanto pesquisava para entender o que estava acontecendo no mundo e como poderia definir as organizações daqui para frente, descobri algo que começou a deixar a minha alma mais tranquila, e o coração com uma ponta de esperança.

Esse caos, chamado de determinístico, é diferente de ausência do estado de ordem ou da desordem total. Para nossa esperança, existe certa ordem subjacente, que podemos classificar como ordem sem previsibilidade. Ordem na desordem.

---

[3] MEDIUM. *Facing the Age of Chaos.* Disponível em: <https://medium.com/@cascio/facing-the-age-of-chaos-b00687b1f51d>. Acesso: 27 jan. 2022.

É nos <u>momentos de crise</u> que se pode avaliar a **solidez** e a **consistência** dos elementos da cultura organizacional medidos pela **congruência** e pelo **alinhamento** dos líderes em suas <u>decisões.</u>

Outra conclusão é que é inviável dividir sistemas complexos em partes para entendê-los. O todo é que deve ser levado em consideração para entender o sistema. Neste momento, me lembrei do conceito dos fractais, em que o todo está na parte e a parte está no todo, a base do Modelo Fractal de Gestão proposto em meu livro anterior.

Ou seja, a natureza não linear do universo está mais próxima de um organismo vivo do que de um relógio ou uma máquina. Complementar a isso, cada variável do sistema vai interagir com as outras, de modo que a causa e o efeito não podem ser separados. Os cientistas descobriram ainda que grande parte dos sistemas, além de complexos, são adaptativos. São, portanto, chamados de Sistemas Complexos Adaptativos, com características muito próprias.

São complexos por possuírem um grande número de componentes que interagem entre si, influenciam uns aos outros e estão em estado contínuo de ordem e desordem, turbulência e equilíbrio; e adaptativos porque são capazes de evoluir, de se adaptar e de aprender com as relações e as mudanças de seu ambiente em um processo contínuo.

Nessa medida, a estagnação para os sistemas complexos é a morte. Eles precisam estar continuamente no ponto extremo do caos para depois voltar à ordem. O caos e a mudança são caminhos para sua transformação e sobrevivência. O crescimento surge do desequilíbrio, e não do equilíbrio. Eles próprios se auto-organizam e se autorrenovam continuamente, sem nenhuma coordenação ou supervisão global e duradoura para que isso aconteça.

Para exemplificar esses conceitos, usemos o caos da pandemia de covid-19: tanto os governos quanto as organizações precisaram se adaptar, evoluir, recriar, aprender com os erros, repensar a si mesmas, reinventar-se, reposicionar-se e reconstruir-se para um mundo novo.

Os governos, por meio de seus Ministérios da Saúde que funcionam como elemento regulador e principal orientador, buscavam recolocar a ordem e o controle em vigência, utilizando medidas de atendimento à população vitimada e ações preventivas, como o fechamento das fronteiras e a limitação da circulação da população. Entretanto, coube a cada cidadão comum se auto-organizar e se autocontrolar para manter o isolamento e o distanciamento social, além de seguir as novas regras de convívio e de contato entre as pessoas, todas essas principais medidas para diminuir a disseminação do vírus.

As organizações tiveram que repensar a própria atuação, levando inúmeras equipes a funcionarem a distância e, para isso, contaram com dois grandes aliados: a tecnologia da informação e a cultura organizacional. A tecnologia da informação uniu e deu vida a toda essa teia complexa de interação, desde fornecedores até o atendimento ao cliente final. A cultura organizacional, como principal elemento organizador do caos, possibilitou que houvesse congruência da equipe, agora dispersa, desde que alicerçada em pilares como missão, visão e valores, além de permitir um alinhamento do sistema de gestão e da liderança, parametrizando ações, definindo caminhos, cabendo aos líderes e suas equipes se auto-organizar, se autocomandar e se autocontrolar para que o que precisava ser feito fosse realizado com o melhor resultado possível. É nos momentos de crise que se pode avaliar a solidez e a consistência dos elementos da cultura organizacional medidos pela congruência e pelo alinhamento dos líderes em suas decisões.

O desafio das organizações

As organizações são o reflexo do que acontece no mundo e na sociedade. Mais do que isso, estão sujeitas a transformações e precisam se ajustar, se repensar, se reinventar. Na prática, os indivíduos se adaptam às mudanças da sociedade e às evoluções da tecnologia muito antes do que as organizações. Em uma escala de tempo, as mudanças de comportamento na sociedade acontecem nos indivíduos primeiro fora da empresa, e depois nas organizações. O grande desafio dos líderes é criar um ambiente para que as pessoas tragam as inovações e consigam transformar as organizações a partir da própria transformação.

A esta altura me permito citar uma frase do filósofo alemão Friedrich Nietzsche que, dentro de seu racionalismo franco e direto, diz: "Por vezes as pessoas não querem ouvir a verdade porque não desejam que suas ilusões sejam destruídas". A realidade não depende de nós a aceitarmos ou não. Ela existe e ponto.

Esse processo transformador, percebido à luz da Nova Ciência, é uma nova possibilidade de aprendizagem. A concepção da empresa como sistema vivo passou a ser uma metáfora muito útil para entender as necessidades de mudança no âmbito organizacional. A tentativa das organizações mecanicistas de controlar a mudança e manter o equilíbrio só tem gerado fracassos e resistência, pois as lideranças ignoram o fato de que as pessoas só encontram significado naquilo que é criado por elas.

O processo de revisão das crenças e atitudes constitui o cerne da mudança de paradigma que está acontecendo neste momento na humanidade. Segundo a consultora americana Charlotte Shelton em seu livro *Gerenciamento quântico* (Cultrix, 1999), conceber organizações como máquinas não faz sentido, já que elas são sistemas vivos. Impor ordem e controle a qualquer sistema é buscar a estabilidade, e isso significa a morte. A organização é um sistema vivo que prospera na desordem.

A sociedade moderna caracterizada pela solidez das ideologias e dos projetos sociais deu lugar à modernidade líquida, fluida, cuja principal característica é a constante mudança. A modernidade, segundo Zygmunt Bauman (Zahar, 2001), em que "Tudo é temporário [...] tal como os líquidos – caracteriza-se pela incapacidade de manter a forma". Nessa modernidade, os ciclos de transformações são muito rápidos, portanto não há estabilidade.

A grande aprendizagem disso tudo é que as organizações, como sistemas vivos, complexos e adaptativos, deverão se ajustar continuamente ao ambiente em que navegam. Assim, sobreviverão apenas aquelas com capacidade de lidar de maneira proativa com seu ambiente de negócio. Como consequência, se as organizações precisam se adaptar continuamente, o mesmo deverá acontecer com as pessoas que nelas trabalham, bem como na forma de liderá-las.

Contudo, a adaptabilidade só é possível de ser alcançada se as estruturas rígidas às quais fomos acostumados forem rompidas, a fim de que, assim, organizações flexíveis possam ser construídas.

O desafio das lideranças é fazer a transformação tal como aparece no quadro a seguir:[1]

ORGANIZAÇÃO RÍGIDA	ORGANIZAÇÃO FLEXÍVEL
Hierarquias	Redes e células
Controle central	Unidades semiautônomas
Gerência pela autoridade	Gerência associativa
Dirigir empregados	Transferência de poder para indivíduos e times criativos autônomos
Indiferença	Coevolução com o ambiente social e natural
Sempre manter a ordem linear	Conhecer quando encorajar flutuações e transformações
Preservar a regularidade e a certeza	Encorajar formas não-lineares de criatividade e inovação
Aprendizado para manutenção da organização	Construção de aprendizagem evolucionária
Planejamento estratégico	Projeto de sistema evolucionário, incentivando pensamento estratégico
Esforçar-se para cumprir metas e atingir objetivo	Criar uma visão evolucionária do futuro, construindo cenários colaborativamente
Ver as pessoas somente como meios de alcançar os propósitos da organização	Formas de relacionamento que encorajam a ajuda e o cuidado mútuos

[1] Adaptação do quadro apresentado pelo Professor Doutor Júlio Tôrres em seu trabalho Desenvolvimento organizacional na perspectiva das teorias da complexidade (2001).

A flexibilidade pressupõe uma nova distribuição de poder dentro das organizações, além de uma nova maneira de pensar as relações. É uma decisão que só pode funcionar caso haja transparência, confiança e visão compartilhada. Sem esses três fundamentos, por mais que a organização queira que sua equipe seja engajada e proativa, ela não poderá sê-lo, justamente por não saber para qual direção seguir. É como ter um GPS, mas não saber qual é o local de destino para decidir a melhor rota até ele.

CAPÍTULO 3

A lide que liber

rança

ta

Margaret Wheatley me introduziu aos conceitos da Teoria do Caos através de seu livro *Liderança e a Nova Ciência* (Cultrix, 1996). Minha visão do mundo e de sua complexidade mudou a partir da leitura. O meu mundo ficou diferente. Tenho seguido artigos de Wheatley em revistas especializadas que me fazem, cada vez mais, admirar sua visão profética. Neste trecho de um artigo na *Leader to Leader Magazine*, publicado em 2006, ela parecia antever o momento que estamos vivendo. A partir de sua perspectiva teórica, ela nos mostra as possibilidades animadoras que os períodos de caos nos oferecem. São argumentos poderosos que nos seduzem e podem servir para rompermos os paradigmas que nos guiaram até aqui. É hora de soltar as amarras, de transgredir. Veja o trecho abaixo que traduzi livremente:

> Quando o caos irrompe, não destrói apenas a estrutura atual, mas também cria as condições para o surgimento de uma nova ordem.
> A mudança sempre envolve uma noite difícil quando tudo desmorona.
> No entanto, se esse período de dissolução for usado para criar um novo significado, então o caos termina e uma nova ordem surge. Esse é um mundo que sabe como se organizar sem comando e controle ou carisma. Em todos os lugares, a vida se auto-organiza como redes de relacionamentos. Quando os indivíduos descobrem um interesse ou paixão em comum, organizam-se e descobrem como fazer as coisas

> acontecerem. A auto-organização evoca a criatividade e leva a resultados, criando sistemas fortes e adaptáveis. Forças e capacidades surpreendentes surgem a partir disso.

Acredito que quando as pessoas encontram algo com que se identificam, que se alinha com o propósito individual delas, que as motiva e as desafia, também têm a capacidade rara de se auto-organizar, de buscar o melhor de sua inteligência e criatividade para realizar o propósito coletivo. É isso que gera o engajamento genuíno.

As organizações estão realmente dispostas a mudar?

Quando começo a falar em transformações necessárias, me vem à mente uma preocupação que tenho sobre como são conduzidos e utilizados esses processos, principalmente pelos níveis superiores. Lembro-me do velho axioma do príncipe Falconeri no romance *O leopardo*, de Giuseppe Tomasi de Lampedusa (Companhia das letras, 2017): "Tudo deve mudar para que tudo fique como está."

Passei por quase todas as ondas de processos de transformação organizacional trazidas pelo mercado de consultoria nacional e internacional. Posso citar, entre outros, qualidade total, reengenharia, *downsizing*, *rightsizing*, *flat organization*... Mesmo que você não tenha experimentado qualquer um deles, alguém próximo a você conhece esses processos ou outros similares. O ponto principal é dizer que todos foram vendidos a preço de ouro pelas grandes consultorias como "a solução necessária para os problemas enfrentados pela organização". Todos trouxeram parte dos resultados prometidos, mas não no nível desejado pela empresa, tanto é que cada um deles veio na sequência de outro para complementar o que o anterior não tinha conseguido realizar.

Hoje, avaliando como tudo aconteceu, chego a algumas conclusões:

- O diagnóstico e a decisão da intervenção sempre foram feitos de cima para baixo, com envolvimento muito superficial daqueles que fazem o processo andar;
- Todas essas propostas chegaram seguindo métodos, processos e cânones predefinidos, como caminhos únicos de solução;
- O foco principal de todas essas metodologias de transformação sempre foi a busca pela melhoria dos processos, e não a realização das pessoas.

Na prática, nenhum desses modelos propostos pensou em uma análise mais profunda dos padrões estruturais do poder vigente, mantendo a hierarquia como base do controle, com mais ou menos níveis de poder, e sem alterar a clássica divisão de funções com as claras e bem delimitadas linhas de responsabilidade e autoridade.

Em toda abordagem de mudança, seguindo um aforisma clássico, os processos devem ser patrocinados e aprovados pela cúpula, onde nada muda. As principais mudanças propostas, obviamente, devem acontecer nos processos e nas atitudes, nos comportamentos e nas ações no nível daqueles que estão na base operacional. Enfim, pouco ou nada mexem na estrutura do núcleo duro do poder, mantendo-o inalterado, com os papéis de comando bem delimitados e definidos, reforçando o modelo piramidal representado pelo clássico binômio do comando e controle.

Ou seja, as pessoas que ficam abaixo, embora sirvam de fonte de informação para o processo em andamento, não participam da escolha da melhor solução, pois o roteiro já está previamente definido. Isso significa que aqueles que executam o plano acordado pouco participam e pouco contribuem para a sua definição – embora muitas vezes haja o esforço de transmitir a ideia de que eles participaram do processo de transformação, quando apenas foram consultados sobre as informações. Esses modelos foram, portanto, mais do que tudo, intervenções organizacionais. Intervenção traz em si a ideia autoritária da ordem de cima para baixo.

Neste ponto, me pergunto: se a mudança só é possível se acontecer inclusive nas camadas altas da organização, por que, embora os líderes sejam os primeiros a perceber que algo precisa ser feito, não conseguem eles mesmos fazer esse exercício de redesenhar os próprios papéis?

Para responder essa questão, vou me apoiar nas ideias compartilhadas por Frederic Laloux em *Reinventando as organizações* (Editora Voo, 2017). Embora empoderar a equipe seja uma oportunidade para também libertar os líderes, a visão hierárquica rígida traz consigo a ideia de que uns têm mais conhecimento do que outros sobre o que é melhor para o coletivo.

Talvez seja por considerar que o time como um todo não seja confiável e maduro o bastante para lidar com questões desagradáveis do negócio e, ao mesmo tempo, se manter altamente produtivo sem ser vigiado. Ou, talvez de maneira até mesmo inconsciente, seja o próprio medo de perder poder e relevância na organização. Então, como Laloux bem apontou, quando se fala em organizações mais autônomas e flexíveis, parte da resistência se dá por uma visão distorcida de que as decisões mais importantes para a empresa só podem ser tomadas de duas maneiras: via autoridade ou via consenso. Em ambos os casos, gera-se muito desgaste.

A proposta de gestão e liderança que estou trazendo nesta obra não se limita a seguir nem um caminho nem outro. Precisamos de um projeto de liderança que preconize a coconstrução da transformação, reposicionando, antes, os então coadjuvantes como coautores principais dessa mudança, dando-lhes autonomia para assumir a autoria da própria história e seu protagonismo:

quem liberta, também se liberta! Acredito em transformação consistente quando começa de baixo para cima, virando a própria mesa, parafraseando o autor e empresário Ricardo Semler.

Desde a primeira vez que li a Declaração Universal dos Direitos Humanos, fiquei sensibilizado por seu artigo I, pela maneira direta com que toca no valor mais essencial para o ser humano: o direito de ser livre e igual.

> "Todos os seres humanos nascem livres e iguais em dignidade e em direitos. Dotados de razão e de consciência, devem agir uns para com os outros em espírito de fraternidade."
>
> ARTIGO I DA DECLARAÇÃO DOS DIREITOS HUMANOS – ASSEMBLEIA DA ONU, 1948

De certa forma, nada mais justo que estender esse conceito para a vida das pessoas dentro das organizações. Autonomia significa, essencialmente, liberdade. Liberdade se define pela capacidade de fazer escolhas. Nada torna a pessoa mais responsável do que responder pelas próprias decisões. Dentro das empresas, liberdade é condição essencial para as pessoas e equipes se motivarem e se engajarem na busca por soluções criativas e inovadoras que atendam às demandas do mercado e superem a concorrência, a fim de que os colaboradores se realizem pessoal e profissionalmente.

Torna-se necessário redefinir o papel dos líderes e o funcionamento deles, libertando-os de seu antigo papel. Deve-se preconizar que a principal função do líder passa a ser libertar as pessoas, atendendo o principal anseio delas de ter um superior que cuide de seu desenvolvimento pessoal. Assim, o líder deve ser capaz de identificar e reconhecer o potencial de cada membro da equipe, e dar-lhe plenas condições de crescimento.

Isso tem um significado maior do que a simples capacitação. Significa empoderar os colaboradores, provendo-lhes estrutura e ambiente organizacional adequado para que a autonomia, elemento básico para que assumam a autoria de seus atos e usufruam de seu protagonismo, prospere. As pessoas se engajam na mesma medida em que se sentem donos da própria história.

Essa nova conceituação do papel da liderança me remete a um trecho escrito por Peter Drucker na introdução do livro *A organização do futuro* (Futura, 1997). Na parte "Rumo à nova organização", ele diz:

> A organização é, entretanto, mais do que uma máquina, como na estrutura de Fayol. Ela é mais do que econômica, definida pelos resultados alcançados no mercado. A organização é, acima de tudo, social. São pessoas. Seu propósito deve ser o de tornar eficazes os pontos fortes das pessoas e irrelevantes suas fraquezas. Na verdade, essa é a única coisa que a organização pode fazer – a única razão pela qual existe e precisamos dela.

Peter Drucker, já em 1997, de forma simples e contundente (como sempre), orienta a função da empresa e redefine o papel do líder: cuidar do potencial das pessoas. Com sua sensibilidade aguçada e precisa, apresentava duas décadas antes o que seria a principal constatação da pesquisa da Gallup, de 2019, sobre a demanda das pessoas aos líderes.

Reforçando este mesmo conceito de Drucker, a máxima de Bill Gates durante sua gestão na Microsoft era: "Ao olharmos para o próximo século, líderes serão aqueles que terão o poder de capacitar os outros". E, já em 2011, completava o pensamento anterior com a seguinte afirmação: "Líderes são aqueles que empoderam os outros".

Isso não quer dizer que a organização deixará de ter estrutura ou liderança. Muito pelo contrário, a busca é por encontrar novas práticas e processos, novos caminhos para definir papéis, responsabilidades e todos os pontos essenciais para o funcionamento da organização, para que todos os envolvidos tenham clareza sobre a influência que podem desempenhar no negócio.

A liberdade e a autonomia são viabilizadas por um forte senso de responsabilidade compartilhada. Deve-se enxergar os membros da equipe como adultos, capazes de decidir e se responsabilizar por suas escolhas e ações.

E essa visão da autogovernança não é algo novo ou experimental, como lhe apresentarei por meio de minhas próprias experiências ao longo dos próximos capítulos. Como afirmou Frederic Laloux (Futura, 2017):

> Eu acredito que nos parece tão difícil entender a autogestão porque crescemos com as organizações de hierarquias tradicionais. [...]
> Muitos líderes organizacionais e gerentes de recursos humanos reclamam que os millenials são difíceis de gerenciar. Realmente, esta geração cresceu no mundo disruptivo da internet, no qual a influência das pessoas é baseada em suas contribuições e reputação, não em sua posição. Por que, então, eles aguentariam outra coisa que não a autogestão em seus locais de trabalho? E por que as demais pessoas aguentariam?

A provocação do trecho acima é contundente porque faz enxergar que as práticas vigentes não são imutáveis – e que sua fragilidade é mais óbvia do que tendemos a imaginar.

O novo significado do tripé de uma organização: missão, visão e valores

As grandes crises que acontecem no mundo, como guerras, pestes, grandes cataclismos (como terremotos e tsunamis), pandemias (como a peste negra, a gripe espanhola e, agora, a covid-19), colocam a humanidade, as nações, a sociedade e as organizações de joelhos, obrigando-as a revisar crenças, valores e paradigmas em todas as áreas e em todas a dimensões.

Crise também pode significar oportunidade, como é o velho ideograma chinês cujo símbolo representa as duas coisas. E um dos aprendizados que tivemos recentemente é que cada vez se torna mais difícil fazer previsões, até mesmo no curto prazo. Precisamos estar prontos para agir com velocidade, flexibilidade, alinhamento e confiança.

A má notícia é que o que existia antes, agora, deixou de existir, virou tábula rasa. A boa notícia é que podemos começar tudo de novo, aproveitando o melhor da nossa capacidade de imaginar um novo mundo. Podemos desconstruir o que aprendemos até então e construir um novo cenário baseados em uma nova plataforma na qual podemos redefinir uma realidade com novos paradigmas, utilizando o melhor que descobrimos depois das situações adversas.

Para mim, um bom ponto de início é revisitar o propósito da organização. Volto a Peter Drucker: "A organização é, acima de tudo, social. São pessoas. Seu propósito deve ser o de tornar eficazes os pontos fortes das pessoas e irrelevantes suas fraquezas". Cuidar das pessoas e de seu desenvolvimento passa a ser o foco da organização e dos líderes. E quanto mais os colaboradores forem cuidados, melhor vão cuidar dos processos. Os resultados vão ser consequência de tudo isso.

De imediato, vem à mente a figura de uma organização por redes, por times, por projetos ou por grupos operacionais autônomos, entre outras possíveis alternativas. Tudo muito fluido, de modo que as pessoas possam se movimentar facilmente com plena autonomia, assumindo a própria autoridade sobre o que têm sob sua responsabilidade.

Autonomia significa, <u>essencialmente</u>, **liberdade.**

Esse cenário se torna possível a partir de alguns pressupostos essenciais, dentre eles:

- Capacitação total das equipes quanto às suas responsabilidades;
- Pleno domínio dos processos e dos instrumentos de identificação e correção dos possíveis desvios;
- Programas de desenvolvimento participativos para que líderes e equipes possam discutir e pensar caminhos para a nova proposta e para o funcionamento dela, sendo integrantes ativos do processo de cocriação e coconstrução.

Esse assunto me faz lembrar da frase provocativa de Dee Hock: "O problema nunca é como colocar pensamentos novos e inovadores na cabeça, mas sim como eliminar os velhos". Livrar-se dos trajes velhos e se adaptar às novas roupas é desconfortável tanto para os líderes quanto para as equipes.

O líder agora caminha silenciosamente não à frente da equipe, mas atrás dela, oferecendo-lhe todo o suporte necessário para o sucesso. Seus instrumentos de comando e controle deixaram de existir para dar espaço à autogestão e ao autocontrole na mão dos principais responsáveis pelos processos e resultados: os indivíduos e as equipes.

Algo tão real e forte que me traz à mente a frase de Lao Tsé, em *Tao Te Ching*, que usei na abertura deste livro: "Um líder é efetivo quando as pessoas mal sabem que ele existe. Quando o trabalho delas terminar e o objetivo for alcançado, dirão: nós mesmas que o fizemos".

A influência da liderança se dará através de seu esforço diuturno em transformar a **missão** da empresa no propósito de cada colaborador, em compartilhar a **visão** como um sonho coletivo e em fazer dos **valores** os princípios norteadores do comportamento e das ações das pessoas. A missão do líder é prover um conjunto de orientações tão poderoso que se torne o próprio instrumento para as ações de todos na organização.

De outro lado, o **sistema de gestão**, principal elemento integrador de todos os esforços da organização, ao ser conduzido pelo líder de maneira participativa e colaborativa, favorecendo ao máximo a autogestão e o autocontrole, pode também se concretizar em um elemento libertador de todos, além de uma grande alavanca do desempenho individual e coletivo, garantindo, assim, os resultados almejados.

Conduzidos assim, valorizando a autonomia, a autoria e o protagonismos das pessoas e equipes, todos esses instrumentos organizacionais (missão, visão, valores e sistema de gestão) se transformam, de um lado, nos próprios elementos de comando e controle da organização e, de outro, nos principais elementos da libertação. É o avesso do avesso.

Ademais, a partir da transformação, passa a ser função do líder alinhar todos os esforços à missão e à visão da organização, reforçar os valores constantemente através do próprio comportamento e intermediar e apoiar os colaboradores nas práticas do sistema de gestão, acompanhando os resultados e orientando-os nos desvios, a fim de criar as condições essenciais para o pleno funcionamento do todo e garantir que os objetivos sejam atingidos.

Nessa nova proposta, na qual o líder tem sua responsabilidade compartilhada com todos – que, por sua vez, possuem maior liberdade pessoal –, restará a ele mais tempo para criar, inovar e buscar soluções para o ganho coletivo. Todos ganham e todos se realizam.

De modo didático, sintetizei o papel do novo líder orientado em oito eixos, como mostra a figura a seguir. Ele, como equilibrista de pratos, vai se distribuir nos papéis diante de cada situação, de cada demanda dos liderados.

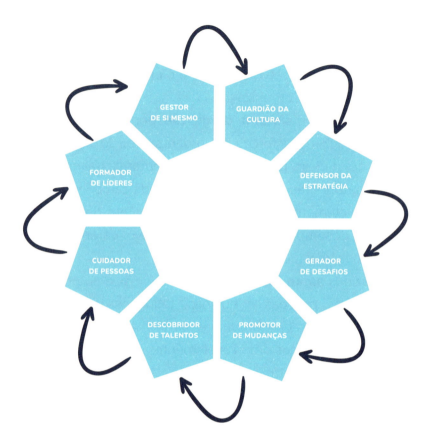

    Para desempenhar todos esses papéis, o líder deve ser aquele que se proponha a um processo contínuo de aprendizagem, a uma interação de mão dupla em que a relação entre todos da equipe seja forte, empática e que, por compreender que todos estão em jornadas de evolução, a tolerância às possibilidades de erro é algo essencial. Se sabemos que estamos num mundo de incertezas, adaptar-se a resultados inesperados com a atitude de buscar as soluções coletivamente é o que permite desempenhar tantas responsabilidades.

    É pensar na transformação não mais por meio das pessoas, mas **com** as pessoas, convertendo-as em **co**laboradores, **co**ssócios, **co**autores e **co**atores de todo processo, resultando, assim, numa **co**construção que possibilite a todos os envolvidos a autoria e o protagonismo que tanto anseiam.

Nesse clima, as relações permitem a natural aceitação aos questionamentos e à discordância. Nada deixa as pessoas mais felizes do que transparência nas relações, em que nada vai para debaixo do tapete. Jaz morto do lado de fora da organização o axioma "Manda quem pode, obedece quem tem juízo".

A liberdade para decidir e agir impõe maior responsabilidade a quem a exerce, na medida em que se torna o único responsável por suas escolhas. Para que a auto-organização aconteça e seja bem-sucedida, caberá à organização e aos seus líderes definir a identidade, o propósito e o significado da organização, facilitando o acesso às informações para a tomada de decisões e incentivando a criação da rede de relacionamento para gerar participação, engajamento, interligação e conexão entre as partes e das partes com o todo. Antes e diferentemente da prática tradicional, na qual a responsabilidade da decisão cabe ao nível superior, agora a responsabilidade é distribuída coletivamente.

É uma nova forma de relação entre as partes interessadas, com mais respeito à pessoa e à capacidade que ela tem de contribuir. Desse processo, nascerá e crescerá o engajamento ao propósito da organização. É um passo importante para humanizar as relações de poder, resultando em um nível superior de engajamento de todos, por meio de um novo contrato social e uma nova forma de pensar o funcionamento do todo a partir de cada uma de suas partes.

Círculo virtuoso infinito

Engajar-se significa, de maneira simples, comprometer-se com uma causa, lutar e defender seus objetivos, colocar todo o esforço necessário para que eles se realizem, buscando apoio para atrair o maior número de pessoas para essa causa. O engajamento será proporcional ao atendimento das expectativas e necessidades e, principalmente, ao nível de compatibilidade e alinhamento com seu propósito de vida, seus valores e à possibilidade de realização de seus objetivos pessoais.

Tratando-se de organizações, essa adesão se torna tanto mais forte quanto maior for a convergência e a reciprocidade do propósito, dos valores, dos objetivos e dos interesses do indivíduo com os mesmos elementos da organização em que trabalha. É uma questão objetiva de contrapartida, a que chamo, usando um termo da matemática, de relação biunívoca.

Para atingir patamares de alto desempenho a nível mundial, as empresas precisam de pessoas que atendam às seguintes características:

- Talentosas e que queiram aprender e dar o seu melhor;
- Identificadas com seu propósito/missão;
- Crentes e adeptas aos seus valores, por meio de sua prática;
- Comprometidas com o crescimento e o sucesso da empresa;
- Praticantes disciplinadas das rotinas do sistema de gestão eleito;
- Desafiadas por suas metas e dedicadas a alcançá-las;
- Preocupadas com os clientes e permanentemente insatisfeitas com os resultados;
- Éticas e de integridade irrepreensível;
- Corajosas, ousadas e sempre prontas para inovar.

De outra maneira, as pessoas se tornaram também mais exigentes em suas demandas. Esperam das organizações muito além de ter oportunidades de crescimento e um planejamento de carreira para utilizar seu potencial, mais do que os conhecidos planos de remuneração e reconhecimento que valorizam sua contribuição ou os clássicos programas de desenvolvimento. Elas anseiam por:

- Vínculo com uma organização com propósito e com práticas sustentáveis;
- Trabalho que as inspire a alcançar o seu melhor e a se desenvolver;
- Estrutura plana, flexível e fluida com liberdade para interação vertical e horizontal;
- Sistema de informações aberto para sustentar as decisões;
- Menos hierarquia e mais autonomia para a autoria e protagonismo dos indivíduos;
- Respeito à individualidade, à diversidade e às escolhas pessoais;
- Ambiente e clima de trabalho que as aceite e as acolha;
- Espaço seguro no qual suas contribuições sejam valorizadas;
- Liderança que as entenda, as apoie e as desenvolva em seu potencial.

Essas demandas essencialmente cobram das organizações um ambiente livre, fluido, sem diferenças de status, no qual conta menos a hierarquia e mais a contribuição e a solução para o bem coletivo. Cabe aos líderes dos diversos níveis da organização, a partir dos escalões superiores, estarem sensíveis e atentos para negociarem, dentro da realidade do negócio, soluções que compatibilizem com as aspirações dos indivíduos e com as expectativas da organização, criando uma nova plataforma de relação em seu contrato social. Quanto maior for o nível de convergência e de reciprocidade obtido, maior será o nível de engajamento de todo o time.

O esforço coletivo, envolvendo a organização, os líderes e os indivíduos, faz com que o nível do engajamento individual contamine o coletivo e vice-versa, contribuindo para um ambiente organizacional com pessoas altamente comprometidas. Melhores resultados retroalimentarão e reforçarão o nível de engajamento, elevando-o a um novo patamar e criando um círculo virtuoso infinito, conforme demonstrado na figura a seguir.

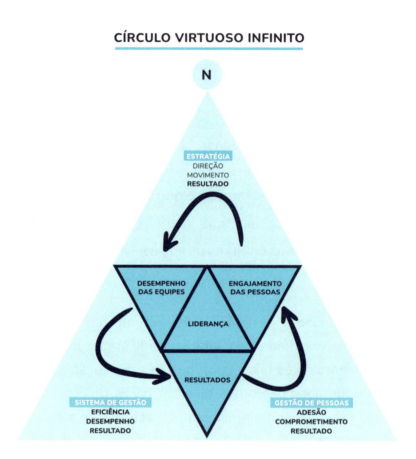

A esta altura, podemos concluir que aquelas organizações que usam a liberdade como base de sua gestão, oferecendo as condições necessárias para que ela seja exercida, serão positivamente recompensadas. Terão como prêmio um ambiente de trabalho com nível superior de engajamento, além de um campo fértil para a inovação e a criatividade florescerem, e para também frutificarem níveis superiores de produtividade.

Nessa atmosfera em que as pessoas e as equipes se sentem e se comportam como os principais autores, atores e protagonistas, a liderança, além de cuidar do alinhamento estratégico e do acompanhamento das rotinas do sistema de gestão, dispõe-se a apoiar, desenvolver e instrumentar seus liderados para que alcancem o sucesso em seus desafios.

A partir de agora devemos, então, pensar: *como colocar todos esses conceitos em prática e de modo que sua aplicação possa ser perene?*

CAPÍTULO 4

Do dese
à van
compe

quilíbrio

tagem

titiva

> O novo conceito de organização está se afastando das criações mecanicistas que floresceram na era da burocracia. Começamos a falar a sério de estruturas mais fluidas e orgânicas e até de organizações sem fronteiras e sem divisões nítidas. Começamos a reconhecer as organizações como sistemas inteiros, concebendo-as como 'organizações capazes de aprender', creditando-lhes algum tipo de capacidade de autorrenovação e percebendo que as pessoas têm capacidade de se organizar sozinhas. Essas são as nossas primeiras incursões, jornadas que apontam para uma crescente avaliação das mudanças necessárias nas organizações hoje em dia.

MARGARET WHEATLEY — *LIDERANÇA E A NOVA CIÊNCIA* (**CULTRIX, 1996**)

Uma organização fluida e autogerenciável se baseia em sistemas abertos que interagem com o ambiente onde atuam, evoluindo em direção a níveis cada vez mais altos de ordem e complexidade, pois se renovam e transcendem a si mesmos.

Em função de cada necessidade, criam-se soluções ágeis e inovadoras que atendam rapidamente o cliente e superem a concorrência. Não importa o nome – holocracia, adhocracia, grupos autônomos de trabalho, *squads* etc. –, o essencial é serem estruturas que permitam formas de trabalho que facilitem a liberdade de criar, de se relacionar internamente e com o cliente, e que criem as melhores soluções para o consumidor e sua cadeia de valor. Autonomia para autodeterminação, tornando o autocontrole e a autogestão essenciais.

Citando o visionário Dee Hock, fundador da Visa, uma das maiores intermediárias de transações financeira do mundo, em seu livro *Nascimento da era caórdica* (Cultrix, 2000):

> Não há a menor dúvida em minha mente que caórdicos **nós somos**, caórdicos **nós vamos permanecer**, caórdico o mundo é, e caórdicas as nossas instituições têm que se tornar. É o caminho da vida desde o começo do tempo e o único caminho para um mundo sustentável nos séculos por vir, enquanto a vida continua a evoluir para uma sempre crescente complexidade.

O modelo caórdico é uma forma de entender sistemas, seja um ser vivo, a psique humana ou uma estrutura social (empresa, comunidade ou sociedade). É também um jeito de compreender como a variação ao longo do espectro do caos e da ordem influencia os acontecimentos e os resultados cotidianos. O caminho caórdico também representa uma inspiradora prática de liderança. O conceito foi criado por Dee Hock, fundador e primeiro CEO da Visa, e foi o princípio por trás do crescimento da maior rede de cartões de crédito do mundo.

No modelo caórdico, o caos é o espaço criativo da incerteza, local em que acontecimentos espontâneos, com o improviso e o imprevisível, ocorrem. É um excelente lugar para o surgimento do novo, mas que, ao mesmo tempo, pela falta de pragmatismo, não consegue dar continuidade e concretização de ações e planos, tornando a estabilidade algo difícil. Já a ordem é espaço regular da previsibilidade, no qual os padrões se repetem. É um ambiente ótimo para ações práticas, contudo o excesso de rigidez pode podar a imaginação e a inovação.

O caórdico, junção do caos e da ordem, é o princípio de organização fundamental da natureza e da evolução. Quando há caos e ordem simultaneamente, na medida certa, a auto-organização floresce.

Em seu livro, Hock define uma organização caórdica como aquela com mais equidade, sem decisões hierárquicas impostas pela divisão entre superior e subordinado, na qual as partes formam o todo e funcionam de maneira independente, sem necessidade de se conhecerem. Os grupos de trabalho se montam e se desfazem conforme a demanda e a necessidade. O sistema, seguindo os princípios da Teoria da Complexidade, se autorregula e se autogoverna harmoniosamente.

Nesse tipo de organização, o que move e regula as pessoas são o objetivo compartilhado, o propósito individual e coletivo e a liberdade de ação sem limites predeterminados ou estabelecidos por níveis, títulos etc.

Pense em organizações vivas

> "Os homens nascem macios e sensíveis e ao morrerem estão duros e inflexíveis. As plantas nascem tenras e maleáveis e ao morrerem estão secas e quebradiças. Assim, quem é rígido e inflexível é um discípulo da morte. E quem é suave e flexível é um discípulo da vida."
>
> *LAO TSÉ* — TAO TE CHING

Como já vimos, a desordem pode ser a origem de uma nova ordem, e o crescimento é resultado do desequilíbrio, e não do equilíbrio. Fica claro que, neste mundo tão imprevisível e volátil, apenas vão sobreviver, crescer e prosperar aquelas organizações que, como sistemas complexos adaptativos, comportam-se como organismos vivos, capazes de lidar com as mudanças que surgem e de transformar esses desafios em aprendizados.

Ou seja, um ambiente extremamente inconstante e provisório, de contínuo risco, pode se transformar em vantagem competitiva para aquelas organizações que conseguirem rapidamente identificar as ameaças à sua frente para, em seguida, transformá-las em oportunidades, tomando todas as ações necessárias para o próprio benefício. Aquelas que deixarem de lado as caixas e linhas do organograma e mudarem seu foco para a ação. Assim, os líderes poderão orientar a direção e oferecer os recursos e as condições às equipes que se responsabilizam, autonomamente, pelos resultados, de ponta a ponta.

Para concretizar essa situação, os líderes devem estar atentos ao comportamento do mercado, às tendências, aos movimentos da concorrência, sem menosprezar a própria intuição quanto aos indícios de risco e oportunidade. Por serem organizações que se comportam como elementos vivos, estão sempre preparadas para os desafios e respondem melhor e mais rapidamente às condições continuamente mutantes da economia e do mercado.

Na literatura organizacional mundial, para empresas que se comportam dessa forma, tem se dado o nome de **organizações adaptativas**. Elas se caracterizam pela flexibilidade e agilidade, possíveis justamente porque tendem a confiar mais poder de decisão e recursos necessários aos empregados, a fim de que eles possam agir com autonomia. Ademais, buscam que os processos internos sejam efetivos e colaborativos, além de incentivar a equipe a se conectar com o ambiente externo em busca de informações relevantes e para observar as possíveis tendências.

Parafraseando Charles Darwin, devo dizer: não serão as mais fortes nem as mais inteligentes das organizações que sobreviverão; serão aquelas com maior capacidade de adaptação às mudanças.

Incrivelmente, Alvin Toffler em 1973 era considerado um futurista e já falava sobre elas. Em seu famoso *Relatório Toffler* para AT&T, a gigante das telecomunicações nos Estados Unidos da época, propôs uma radical transformação estratégica para se ajustar às novas regulações, concorrências e, principalmente, em função da evolução impressionante da tecnologia da informação. A proposta se transformou no livro *The Adaptive Organization*, traduzido impropriamente para o português como *A empresa flexível*, em 1985, registrando que o autor já profetizava esse movimento do qual estamos falando.

Esta era de extrema evolução para a sociedade humana vai exigir das organizações a capacidade de lidar com infinitas mudanças, de aprender com o contexto e de evoluir adequada e continuamente. É um momento que requer que esqueçamos definitivamente da visão taylorista e mecanicista que tenta marcar o território em um mapa, que define fronteiras e limites. Em vez disso, comecemos a pensar numa organização que liberte e utilize todo o potencial humano. É dado o momento de criar um novo mundo dentro das organizações.

Aqui reside uma das mais significativas revoluções que podem acontecer. Desde já, podemos antever organizações que permitirão às pessoas definir a maneira como trabalharão, oferecendo a elas flexibilidade e aprendizagem contínua. Por isso, faz-se necessária uma estrutura organizacional livre e autônoma que possibilite aos indivíduos e às equipes a utilização de seu máximo potencial para concretizar suas tarefas, garantindo sua realização e o alcance dos objetivos organizacionais.

Esse novo mundo tem sido perseguido há décadas, mas agora os novos tempos permitem sua efetivação. Ele já está entre nós!

Os quatro pilares da nova organização

> "Em outras palavras, o camaleão constantemente se adapta a seu ambiente. Da mesma forma, a organização do futuro será um organismo absolutamente adaptável. Seu formato e aparência vão se modificar conforme o ambiente e as exigência na mudança organizacional. [...] A 'organização camaleão' apresenta cinco características fundamentais: grande flexibilidade, compromisso com os indivíduos, uso assíduo de equipes, sólidas competências principais e satisfação com a diversidade."
>
> **DOUG MILLER, CEO E PRESIDENTE DO CONSELHO DA NORRELL CORPORATION, NO TEXTO "UM CAMALEÃO EM TODA SUA GLÓRIA" PUBLICADO EM *A ORGANIZAÇÃO DO FUTURO* (1997)**

Autores têm dado diferentes denominações às organizações adaptativas, entre elas, empresa flexível, organização dinâmica, corporação cinética e organização camaleão. Mas todos esses nomes trazem em si a ideia de movimento e se referem à capacidade de renascer, de se reinventar, de se reconstruir e de se reposicionar. São organizações definitivamente resilientes.

Para adentrar e se ajustar a esta nova era, mitos antigos devem ser derrubados, conceitos precisam ser revistos e barreiras terão de ser superadas, a fim de que se possa recriar uma nova organização que tenha a capacidade necessária de se movimentar, ajustar-se e responder à nova realidade.

Quais são as transformações necessárias?

1. Cultura organizacional;
2. Estrutura;
3. Pessoas;
4. Liderança.

1. Cultura organizacional

Repensar o papel dos elementos da cultura

Já é momento de fugir de vez da visão clássica dos elementos da cultura como fatores de conservação e de culto ao passado. Torna-se necessário repensá-los como elementos mutáveis, direcionadores para o futuro e geradores de valor. Se os elementos como propósito, missão e princípios são as pedras fundamentais da cultura, portanto sólidos e permanentes, de outro lado, a visão e os valores, embora sempre se apoiando neles, poderão se ajustar às necessidades da estratégia do negócio, sendo, portanto, flexíveis e mutáveis. A visão, deve ser entendida como o farol que indica para onde se deve caminhar e chegar para alcançar o sonho da organização, os valores definem os comportamentos necessários para alcançar os objetivos estratégicos definidos para realizar a visão, estando, pois, ambos a serviço da estratégia do negócio e sendo ajustáveis a ela.

Reforçar o conceito de empresa-aprendiz

A primeira grande transformação é a implantação e o reforço do conceito e das práticas de empresa-aprendiz, uma vez que a principal característica de uma organização adaptativa, por ser um organismo vivo e se comportar como tal, deve ser a capacidade de aprender com suas interações, entre o caos e a ordem.

O caos representa a fonte de criatividade e de crescimento de qualquer sistema vivo, e a organização vai evoluir espontaneamente a partir de suas interações dentro do sistema e entre ele e o ambiente. Trata-se do sistema auto-organizador em que a mudança emerge de dentro e, por ser um sistema aberto à mudança, ela também acontece a partir da interação com o ambiente externo.

A tecnologia de informação deve ser vista como importante fonte de armazenagem e transferência de conhecimento para os processos e para as equipes. Deve-se aproveitar todos os eventos e veículos que possibilitem capturar e refinar o conhecimento gerado em todas as situações.

A partir dessa nova concepção, a organização passa a ser vista como um todo, complexo e integrado, cuja capacidade de mudança e adaptação é gerada pela capacidade de aprendizagem coletiva, na qual a criatividade das pessoas é potencializada para obter uma contínua inovação.

Para incentivar a criatividade e a inovação, tão essenciais para achar os novos caminhos para sobreviver e crescer, torna-se essencial criar um ambiente que permita o erro. O medo de errar deve ser minimizado, partindo do princípio de Thomas Edison de que são necessárias muitas tentativas antes de alcançar o sucesso: "Eu não falhei. Apenas descobri 10 mil maneiras que não funcionam".

Substituir o comando e controle

Para fugir dos conceitos taylorianos mecanicistas de comando e controle, através da supervisão direta dos líderes, e criar estruturas mais fluidas e autônomas, as organizações devem se utilizar dos elementos básicos de sua cultura como guias.

Como vimos no capítulo 3, a missão e a visão servem para definir o propósito e dar direção ao futuro; os princípios e valores existem para parametrizar os comportamentos e atitudes necessários para atingir os objetivos; e o sistema de gestão estabelece o fio condutor das ações para gerar os resultados desejados.

Esses elementos estruturais da cultura, missão, visão, valores e sistema de gestão, passam a ser os principais instrumentos que permitirão às organizações dar orientação e rumo às pessoas e equipes, além de manter seus processos sob controle, oferecendo, assim, plenas condições para o exercício da autonomia, da autogestão e do autocontrole para todos.

Para tanto, é essencial a comunicação dentro de um processo sólido e consistente, algo que deve ser praticado e cobrado pelos líderes de todos os níveis na interação diária.

Planejamento estratégico

Por dezenas de anos, participei do exercício de definir o planejamento estratégico das empresas em que trabalhei como vice-presidente de recursos humanos e de desenvolvimento organizacional. Era uma experiência excitante e desafiadora, de tentar vislumbrar os próximos cinco, dez ou até vinte anos.

Hoje, aquelas atividades executivas com todo o ritual e as simulações, buscando uma precisão, me soam extremamente sem sentido em um mundo totalmente imprevisível – e, mais do que isso, podem até parecer perda de tempo.

Talvez faça sentido uma abordagem de planejamento estratégico dentro de um processo aberto, envolvendo vários níveis da organização para que o maior número de pessoas possa contribuir. Porém, mais do que certezas, esse exercício deve oferecer um pensamento direcionador dos esforços da organização para responder às mudanças, atuar com mais flexibilidade e ser capaz de identificar os talentos que melhor se ajustam a essa nova empresa em construção.

Repensar as prioridades

Não tenho dúvidas de que essa nova era traz em si uma dimensão mais abrangente das prioridades e preocupações da organização, que deve ser ativa e analítica em relação ao seu poder de influência ambiental e na garantia dos direitos à igualdade e à inclusão diversa, prezando pela qualidade de vida e pelo bem-estar das pessoas envolvidas na jornada.

Depois do solavanco pelo qual estamos ainda passando, a exemplo do que aconteceu na vida privada, serão alteradas as prioridades corporativas, e assim deverão nascer afirmações e abordagens menos materialistas e muito mais humanistas, com menos regras e mais princípios **co**construídos a partir das realidades vivenciadas e compartilhadas entre todos.

Incentivar a integração e a colaboração

A necessidade de se estruturar de maneira mais flexível e independente, por meio de núcleos e células autônomas e autogeridas, vai exigir a criação de um ambiente que reforce a integração e a colaboração entre pessoas, equipes e processos, para que a unidade geral não seja afetada.

Volto ao conceito fractal de meu primeiro livro: o todo está na parte e a parte está no todo, e apenas existem na sua interdependência. Enfim, estamos falando da necessidade de se criar e fortalecer uma cultura aberta e colaborativa que reforce a importância de que todos se integrem e trabalhem juntos. Isso não significa eliminar conflitos, mas a colaboração será um importante instrumento para resolvê-los no processo de mediação e negociação.

Aumentar a transparência

Para o pleno exercício da autonomia, da autogestão, do autocontrole e da autorregulação, para a correta análise das situações e adequada tomada de decisão das pessoas e equipes, torna-se essencial a disponibilização plena das informações claras, abertas, transparentes, para todos os níveis, conforme sua necessidade para poder contribuir.

Isso poderá funcionar ainda melhor com um sistema estruturado e positivo de comunicação dos dados do andamento dos negócios, de suas lacunas e oportunidades, bem como por meio de eventos que possibilitem a interação e o questionamento de todos para compreender e entender a dimensão dos fatos, criando assim um modelo de transparência construtiva.

2. Estrutura

A estrutura define a distribuição do poder, as linhas de comunicação e a dinâmica de funcionamento entre as partes. As organizações ameaçadas pelos mundos VUCA e BANI, em busca de criatividade, inovação e agilidade em seus processos e equipes, têm criado estruturas mais fluidas, resilientes, adaptáveis, auto-organizadas, ágeis e ajustáveis aos fluxos e intempéries.

Construir uma organização adaptativa bem-sucedida somente será possível com a criação direta dos times autogeridos, porque dessa maneira a transformação acontece de baixo para cima. Se não for assim, os níveis intermediários oferecerão resistência por se sentirem ameaçados pelas novas exigências. Pensando dinamicamente, essas unidades e células funcionais também serão igualmente transitórias até que seu propósito e suas metas sejam atingidas. A flexibilidade é condição essencial para a mudança acontecer.

A principal característica de unidades autônomas ou de células autogeridas é que, diferente da prática tradicional, em que a relação de autoridade, ou seja, de comando e controle, é de cima para baixo e com regras e rituais bem definidos, nelas, o comando e o controle não são da autoridade superior, mas se dão dentro do próprio grupo que as forma, por meio da pressão dos pares, dos princípios compartilhados e das metas negociadas. É a autorregulação que impera, e os papéis a serem exercidos por seus membros são também definidos pelo próprio grupo.

Existem outros modelos em uso, mas todos vão ter como características básicas a auto-organização, a autorregulação e o autocontrole, com o poder distribuído entre seus membros. Dois especialmente têm sido vistos e usados: a adhocracia e a holocracia.

Adhocracia

Ad hoc significa *para isto* em latim, ou seja, *para um fim específico*. Adhocracia, portanto, existe por meio da formação de grupos temporários, compostos de pessoas com formação, experiência e habilidades diversas e complementares, que se organizam em torno de problemas prioritários e urgentes.

Suas principais características são ser uma organização por tarefa ou projeto (ad hoc), com autorregulação, prazo definido e rapidez de resposta. Despidos de qualquer hierarquia, todos os membros têm autoridade em sua área de especialização e, coordenados com os outros membros, podem decidir e realizar ações que afetem o futuro da organização.

É uma forma de organização flexível, adaptável e informal que funciona de maneira oposta à burocracia, em que predomina um comportamento fluido, criativo e integrativo baseado na transitoriedade e espontaneidade.

Alvim Toffler, em seu livro *A empresa flexível* (Record, 1985), e Henry Mintzberg, em seu livro *Structure in Fives* (Pearson, 1992), já defendiam a adhocracia como um caminho em oposição à rígida hierarquia amarrada ao binômio comando-controle.

Alvin Toffler afirmava:

> Que a melhor maneira de organizar não é burocraticamente, mas adhocraticamente, a fim de que cada componente organizacional seja modular e descartável, que cada unidade se integre com muitas outras unidades lateralmente, e não apenas hierarquicamente, e que as decisões, como bens e serviços, sejam individualizadas, e não padronizados.

Visão muito bem complementada com a contribuição de Henry Mintzberg:

> Inovar significa fugir dos padrões estabelecidos. Assim a organização inovadora não pode depender de nenhuma forma de padronização para a coordenação. [...] De todas as configurações, a adhocracia é *a que demonstra a menor reverência aos princípios clássicos da administração, especialmente pela unidade de comando.*

Holocracia

Este modelo já é mais contemporâneo, mas não deixa de ser resultante dos conceitos da adhocracia. Surgiu em 2007, criado por Brian Robertson, fundador da empresa de softwares Ternary. Em 2010, ele lançou a *Constituição da holocracia* e estabeleceu os princípios e as práticas do sistema para apoiar as empresas que desejavam adotá-lo. Os conceitos foram consolidados com o lançamento de seu livro em 2015, publicado no ano seguinte no Brasil com o título *Holocracia: o novo sistema de gestão que propõe o fim da hierarquia* (Benvirá, 2016).

É uma prática de autogestão para empresas orientadas por propósitos e que empodera as pessoas para tomarem decisões importantes e conduzirem os processos de mudança. É um método de gestão e governança descentralizadas no qual a autoridade e a tomada de decisão são distribuídas pela organização por meio de unidades autônomas e autossuficientes, mas dependentes de um todo maior.

Cabe ao líder <u>congregar a equipe</u> ao redor de um **propósito**, integrá-la para um <u>ambiente colaborativo</u> e **interdependente** e <u>apoiá-la</u> em seu **desenvolvimento.**

Assim, holocracia é uma hierarquia de círculos autorreguláveis que funcionam tanto como unidades autônomas quanto como partes dependentes. É uma organização horizontal, na qual os líderes surgem espontaneamente a partir das necessidades da organização e de sua aspiração de assumir a liderança, seja por afinidade, habilidade, experiência ou vontade de aprender algo novo

Diferentemente da administração tradicional, nesta proposta o poder não é atribuído a pessoas ou posições, mas aos papéis e processos bem definidos dentro dos grupos.

De 2007 para cá, diversas empresas mundo afora, em vários segmentos, têm usado o modelo proposto com muito sucesso, sendo a empresa Zappos um dos casos mais emblemáticos.

HOLOCRACIA x HIERARQUIA

Holocracia é uma hierarquia de círculos autorreguláveis que funcionam tanto como unidades autônomas quanto como partes dependentes.

A ORGANIZAÇÃO

CEO
DIRETORES
GESTORES
SUPERVISORES
DEMAIS COLABORADORES

UNIDADE AUTÔNOMA
UNIDADES INTERDEPENDENTES

3. Pessoas

A organização em transformação deve buscar pessoas com perfil semelhante ao seu, ou seja, com alta capacidade de flexibilização frente a todas as situações, que tenham respostas ágeis e repertório diverso para lidar com as alterações de rumo. Afinal, as pessoas são a organização e vice-versa.

Vamos descobrir que grande parte das pessoas têm passado a vida inteira em busca de uma organização que as acolha, que ofereça a elas um propósito e um tratamento sem diferença hierárquica e que as desafie.

As pessoas desejam, mais do que tudo, uma organização que valorize seu potencial e lhes apresente um lugar para usá-lo, abrindo espaço para exercitar ao máximo sua criatividade, e que lhes oportunize inovar com as próprias ideias, contribuindo de maneira integral e alcançando realização pessoal junto da empresa.

A remuneração justa e adequada é muito importante, claro. Além dela, porém, a busca pelo propósito em seu trabalho, para que este seja significativo, gratificante e socialmente útil, também é fator decisivo. As pessoas são boas e, à medida em que acreditamos em seu potencial e que lhes damos as condições para desenvolvê-lo e realizá-lo, liberamos um potencial infinito para os resultados.

Se fôssemos resumir as principais características dos colaboradores desejados pelas organizações, seriam:

- Flexibilidade para se ajustar às mudanças imprevistas no caminho;
- Agilidade para reagir às demandas decorrentes das mudanças;
- Coragem para enfrentar as novas situações sem perder a calma;
- Ousadia para inovar sem medo de errar ou de tentar de novo;
- Resiliência para se recuperar após um resultado malsucedido;
- Humildade para reconhecer o erro e aprender com ele;
- Cooperação para contribuir com a equipe;
- Interdependência para pensar no todo e em todos;
- Espírito de equipe para se integrar e se sentir parte do todo.

Lendo a lista anterior, fica claro que estamos buscando nas pessoas exatamente as mesmas qualidades que a organização deve ter. Vale repetir: nada mais óbvio, as pessoas **são** a organização.

Tom Peters, em *Rompendo as barreiras da administração* (Harbra, 1993), tem um artigo minimalista sobre esse conceito apresentado em formato de um curto diálogo:

> Goldman, executivo da Sachs:
> "Tento não desenvolver regras dogmáticas demais, mas uma regra básica é que a estrutura deveria seguir a pessoa".
> Comentário: Você ouviu o que ele disse?

4. Liderança

A esta altura, fica a pergunta: se as funções clássicas do líder são distribuídas entre as equipes e pessoas, nas células ou nos círculos, o que se espera da liderança? Como já dito, o papel do líder é ser um guia, uma ponte e um mentor.

Para substituir o comando e o controle, compete ao líder alinhar todos os liderados com a missão, a visão e os valores por meio de sua pregação, da prática pessoal e da cobrança da equipe em seu comportamento — e, claro, por meio de seus resultados. Para vincular os funcionários aos objetivos do negócio e ao plano do ano da companhia, o líder usa o Sistema de Gestão, praticando todas as suas etapas e explorando positivamente os seus instrumentos. O resto pode deixar por conta da pressão dos próprios pares. Eles são o melhor elemento de controle. Sabiamente, o novo líder persegue os resultados e não avalia os meios, delegando às equipes e aos pares o papel de avaliar o desempenho, reforçando os conceitos e a prática da autonomia, autocontrole e autogestão. Eles farão esse papel melhor do que ninguém.

Como guia, ele deve contribuir com as pessoas e equipes para definir as prioridades, a escolha dos melhores caminhos nos momentos de encruzilhadas, nas decisões mais complexas que exigem maior conhecimento e experiência. O líder é um farol que ilumina o caminho nos momentos de maior caos e escuridão, colaborando quando necessário.

Como ponte, o líder facilita as relações entre os membros das equipes e as outras unidades ou células, mediando conflitos através do diálogo produtivo, procurando colocar todos na mesma página, entendendo o contexto, formando o quadro e congregando todos para encontrar a melhor solução.

Como mentor, mais do que tudo, ele ouve de maneira ativa para dar o apoio solicitado. Em todo o processo da relação com os demais, está atento às características mais fortes a serem reforçadas e aos desafios a serem superados. A partir desse processo, o líder discute caminhos e orienta os próximos passos, sempre respeitando a singularidade de cada um. Para cada liderado, há um caminho individual e singular.

Resumindo, cabe ao líder congregar a equipe ao redor de um propósito, integrá-la para um ambiente colaborativo e interdependente e apoiá-la em seu desenvolvimento.

Avalie o engajamento continuamente: foco nas pessoas

Trabalhei em empresas cujo principal diferencial era sua *cultura de resultados*, na qual o comportamento predominante era aquele da insatisfação permanente, em busca de um desempenho cada vez melhor e resumido no mantra que pairava no ar: "melhor do que ontem, melhor do que a meta e melhor do que o concorrente". Na certeza de que o engajamento – tratado como comprometimento

– era a principal alavanca do desempenho, anualmente se media o seu nível através da pesquisa de clima.

Com o tempo, concluímos, pelos resultados coletados, que quanto mais alto o nível de satisfação nas respostas da pesquisa de clima, maior era o nível de adesão à cultura e maior era o nível de comprometimento.

Ano após ano, pudemos constatar o efeito da cultura de resultados diretamente na vida da empresa, através das melhorias perceptíveis nos índices gerais de produtividade, qualidade, segurança e em todos demais indicadores de pessoal. Após a pesquisa de clima, trabalhávamos duramente nos fatores menos favoráveis para melhorar o índice de satisfação geral, na certeza de que isso aumentaria o nível de engajamento. Ou seja, de maneira simples, sabíamos que quanto maior o engajamento, maior seria o desempenho; e que maior desempenho gera melhores resultados, e melhores resultados geram maior nível de engajamento. Criava-se assim um círculo virtuoso infinito. Cuidar do clima organizacional, como forma de gestão do engajamento, passou a ser a grande obsessão dos líderes dos diversos escalões.

Oscar Motomura, fundador e principal executivo do Grupo Amana-Key, resume bem de que tipo de nova organização estamos falando[5]:

> A chave é a inteligência coletiva e a auto-organização, muito mais biológica e não mecânica, como tem sido a administração nos últimos tempos. O pensamento cartesiano nos ensina a ver as organizações como máquinas, quando o certo seria entendê-las como organismos vivos. É um modelo mental

---

[5] ALTMAN, Fabio. Sua empresa é uma orquestra? Época negócios. Disponível em: <http://epocanegocios.globo.com/Revista/Epocanegocios/0,,EDR77944-8374,00.html#:~:text=%22A%20chave%20%C3%A9%20a%20intelig%C3%AAncia,%C3%BAltimos%20tempos%22%2C%20diz%20Motomura>. Acesso em 19 fev. 2022.

> completamente diferente e que parte do princípio de que a empresa é um organismo vivo e cada célula são as pessoas que pensam, criam e se ajustam. É a ideia de que, se há um código genético, princípios claros embutidos em cada um dos elementos desse organismo vivo, ele se auto-orquestra. Uma das premissas mais importantes é a de que talvez, como afirma Dee Hock, fundador da Visa, criador do conceito de sistemas caórdicos – caos e ordem convivendo em processos de auto-organização –, o recurso mais barato, mais difundido e mais amplamente distribuído no mundo seja utilizado da pior forma. Trata-se da engenhosidade humana.

É justamente ao valorizar a engenhosidade humana, como colocado por Motomura, que as organizações se tornam tão mais fortes e inovadoras.

CAPÍTULO 5

Os novos
das orga

sujeitos
nizações

> **Tudo o que os jovens podem fazer pelos velhos é escandalizá-los e mantê-los atualizados.**

GEORGE BERNARD SHAW

Nos últimos sessenta anos, pude assistir a vários movimentos liderados pelos jovens em busca de alguma forma de liberdade. Podem não ter alcançado os objetivos a que se propuseram, mas fizeram, à sua maneira, uma revolução pacífica; romperam o *statu quo* com ideias, atitudes, transformações estéticas, artísticas, sociais; e, principalmente, criaram novos padrões de comportamento e novos valores compartilhados.

Assim, na década de 1960, assisti muito de longe ao surgimento dos cabeludos de Liverpool e dos Rolling Stones. Mal se podia ouvir suas músicas no internato no qual eu estudava, pois "eram os enviados do Satanás". A rebeldia era símbolo do pecado, do desvio dos padrões morais e da licenciosidade. Ouvir essas qualificações e, de outro lado, apreciar com certo deleite um som diferente, melódica e harmonicamente, quase causava um conflito na cabeça – só não era maior que o prazer de também se sentir rebelde, livre das convenções e dos padrões vigentes impostos pelos professores. Do Cavern Club para o mundo, esses artistas transformaram completamente o cenário musical e criaram hábitos e valores para as gerações futuras.

Nessa mesma época, surgiu o movimento hippie de contracultura, que propunha substituir os padrões conservadores vigentes pelo amor livre e por um movimento político que lutava pela paz, insurgido pelo fim da Guerra do Vietnã, que culminou com o Festival de Woodstock. Nada mais sonoro, libertário e transformador no campo da música, dos costumes e dos comportamentos.

Em maio de 1968, eclodiu em Nanterre e Paris o movimento estudantil liderado pelo jovem anarquista Daniel Cohn-Bendit, que incendiou a França, envolveu os trabalhadores e ameaçou o governo do todo poderoso General De Gaulle. Essa revolução só terminou depois de concessões do governo aos trabalhadores e da convocação de eleições parlamentares.

No Brasil, na trilha de pólvora dessa ação, brotou o movimento estudantil em algumas cidades, a começar por São Paulo e pelo Rio de Janeiro, liderado por José Dirceu e Vladimir Palmeira, e se estendeu por outros grandes centros. Desse movimento, nasceram líderes políticos que se posicionariam décadas depois com suas propostas socialistas. Os estudantes do mundo estavam unidos para transformar o panorama político, econômico e social, em busca de democracia, equidade e justiça social.

Passados anos, já no início da década de 1980, comecei a viajar para o Japão em missões técnicas para entender o que estava avançando em termos de tecnologia. Andava para cima e para baixo de trem e metrô em Tóquio. Via aquelas hordas de estudantes de uniforme azul-marinho, meia branca, com calçados dois números maiores do que necessário – pisando no calcanhar, quase transformando os sapatos em chinelos –, totalmente fora dos padrões esperados. Anos mais tarde, voltando a Tóquio, me deparei com um mundo ainda mais inusitado.

Para mim, eram jovens com uma moda diversa, eram livres utilizando roupas em camadas de sobreposições, questionando a estética "combinadinha". Enfim, eram os jovens propondo uma ruptura com as tradições milenares, usando sua rebeldia da moda extravagante como forma de expressar seu desejo de liberdade para existir.

De lá para cá, podemos citar a Primavera Árabe, que começou na Praça Tahrir, no Cairo, com o protesto de milhares de pessoas, arregimentadas pelos jovens líderes por meio das redes sociais para a derrubada de uma ditadura; o Protesto na Praça da Paz

Celestial liderado por estudantes, que terminou em massacre; e agora, recentemente, a Revolução dos Guarda-Chuvas, em Hong Kong, em busca de firmar a democracia naquele território, com maior liberdade inclusive para escolher seus governantes.

Todos esses movimentos sempre foram gritos de protesto contra o *statu quo*, aliados à enorme esperança de transformar a realidade, diante da insatisfação geral que reinava. Essas lutas podem não ter conquistado completamente o que tanto almejavam, mas trouxeram, com suas ideias e palavras de ordem, um novo nível de consciência política, econômica e social.

Com a chegada dessas novas gerações, que em breve serão 75% da força de trabalho nas organizações[6], as mudanças aconteceram e seguem acontecendo de dentro para fora. Ou seja, as aspirações, os comportamentos e, principalmente, os valores das pessoas que estão chegando estão determinando o ambiente organizacional atual. E para exercer este novo estilo de liderança que proponho, compreender esses indivíduos é fundamental.

Para os novos profissionais, a autonomia é condição do processo de libertação para exercer o protagonismo, no e com o coletivo. Não se trata de individualismo, mas de liberdade que permite somar individualidades, potencializando as ações do grupo. A autogestão que faz parte da liberdade e da autonomia, característica fundamental desse novo sujeito, está alicerçada na sua contribuição concreta, e naquilo que o conecta e o identifica com o mundo a sua volta. Autonomia e liberdade têm como pressuposto a **confiança**!

Assim, a organização encontra mais um desafio: acolher esses profissionais como peças únicas de seu processo colaborativo e

---

[6] PUGLIESI, N. Quer fazer parte da liderança do futuro? Estes chefes já são bem-sucedidos. VC S/A, 2019. Disponível em: <https://vocesa.abril.com.br/geral/quer-fazer-parte-da-lideranca-do-futuro-estes-chefes-ja-sao-bem-sucedidos/>. Acesso em 19 fev. 2022.

criativo, confiando, incentivando e os desafiando, pois todos são igualmente responsáveis pelos caminhos a serem seguidos e pelas decisões a serem tomadas.

Dentro das empresas, a presença transformadora dos jovens pode ser sentida aos poucos e silenciosamente. Começou pelos representantes da geração X que, insatisfeitos com os padrões de comportamento de seus pais, buscaram novos valores na sociedade, na família e no trabalho. Em seguida, veio a geração Y, imediatista e questionadora. E, por fim, chegou a geração Z, mais colaborativa e orientada por seus propósitos de vida. Hoje ainda é muito difícil imaginar a evolução exponencial que acontecerá com a chegada da geração Alpha, com suas cabeças "chipadas" e dentro de um mundo absolutamente controlado pela tecnologia digital. Será um inimaginável salto quântico.

Antes, os que chegavam deviam se adaptar ao ambiente organizacional e às suas regras de comportamento, a chamada cultura organizacional, ou eram descartados. Hoje acontece o contrário: com os representantes das novas gerações, as empresas é que passaram a ser escolhidas e precisam se adaptar para atrair e manter os colaboradores.

O que levou as empresas a aceitar essa dinâmica foi o fato de terem descoberto nas novas gerações o caminho único e necessário para sua renovação. De certa maneira, eles têm definido e imposto as regras do jogo. Mais do que isso, as empresas descobriram quanto tem sido benéfico e impactante dar liberdade e oferecer posições de destaque para os mais jovens. Embora menos "rodados" e com menos experiência do que seus colegas sêniores, a juventude de hoje trabalha de maneira mais colaborativa, pensa mais fora da caixa e usa a tecnologia e as mídias mais confortável e eficientemente, trazendo, assim, outra velocidade aos projetos e às respostas demandadas pelos clientes.

Além de tudo, as novas gerações trazem uma lufada de energia e de pensamento inovador para a organização. Ou seja, mais do que experiência e conhecimento acumulado, as empresas precisam de mais velocidade, dinamismo e novas perspectivas para garantir o sucesso presente e assegurar seu futuro. A interação entre as gerações traz, ainda, uma vantagem adicional, que é influenciar e atualizar a geração dos *baby boomers*, os nascidos entre as décadas de 1940 e 1960. Este talvez seja o maior ganho de todos.

Novos fundamentos para a motivação

A grande referência para as teorias motivacionais ainda utilizada nas organizações é a **hierarquia das necessidades humanas**, desenvolvida por Abraham Maslow e apresentada no livro *A Theory of Human Motivation* [Teoria da motivação humana] (Martino Fine Books, 2013), no qual desenvolveu grande parte dos conceitos de seu artigo como o mesmo título, publicado em 1943.

Ele foi um pioneiro no tema "motivação no trabalho" com sua obra cujo principal objetivo era apresentar uma teoria positiva a partir dos fatos clínicos observados experimentalmente na vida dos macacos, com a simples pretensão de que servisse como base para futuras pesquisas, estando sujeita a comprovação ou não.

Maslow foi muito questionado sobre suas conclusões, criticado por acadêmicos quanto aos seus métodos de pesquisa e análise, mas seu livro serviu de âncora para autores posteriores, que apoiaram seus conteúdos nesse trabalho seminal. Alguns tentaram contraditá-lo, outros o complementaram.

Segundo Maslow, os seres humanos vivem em busca da satisfação de determinadas necessidades, e a perspectiva de satisfazê-las é que gera a força motivadora. As cinco categorias de necessidades humanas, na ordem de prioridade, são as seguintes:

A **autonomia** e o **empoderamento** significam bem mais do que delegar. É a **distribuição de poder, da autoridade**, levando consigo também as **responsabilidades**, permitindo a efetiva apropriação da autoria.

básicas ou fisiológicas; de segurança; de afeto e relacionamento; de autoestima e de realização pessoal. O eixo do conceito é o princípio de que o ser humano as realiza de maneira hierárquica, ou seja, apenas busca uma superior na escala depois que realizou a anterior.

Muitos são os novos conceitos e modelos que surgiram para explicar um tema tão complexo quanto o da "motivação humana". Podemos citar, entre os autores mais proeminentes, Frederick Herzberg, falando sobre os fatores higiênicos e motivacionais; Clayton Alderfer, trazendo o modelo ERC com três tipos de necessidades (existência, relacionamento e crescimento); Douglas McGregor, com suas teorias X e Y; e, por fim, David McClelland, que atribui como motivadoras as três necessidades de realização, afiliação e poder.

Todos eles deram contribuições diferenciadas, mas todas circularam basicamente ao redor das mesmas necessidades apontadas por Maslow: o ganho material, o reconhecimento social e a realização pessoal.

E o que será que efetivamente motiva as novas gerações? Enquanto as necessidades humanas continuam com sua possível hierarquia, concluiu-se pelo estudo da Gallup, já citado anteriormente, que o grande sonho dos novos profissionais se resume a duas palavrinhas: bom emprego. E esse sonho de bom emprego apenas se realiza com a reorganização da ordem existente, com algumas novas exigências, tal como apresentado em *It's the manager*.

Remuneração × propósito

Se para a geração *baby boomers* o grande foco era a carreira associada à remuneração e à capacidade de adquirir bens materiais, motivada pelo bem-estar da família e da comunidade, para as novas gerações a remuneração não é tudo. Não que ela não seja importante, mas é essencial que o trabalho exercido tenha significado e dimensão maiores do que apenas um cargo com um salário aceitável. Além disso, os profissionais atuais esperam que a organização para a qual forem trabalhar tenha missão e propósito abrangendo muito além do que os resultados econômico-financeiros. Seu trabalho deve ter um significado maior para a sociedade e para o ambiente no qual estão inseridas, demandas coerentes com os padrões trazidos pela visão de governança e sustentabilidade ESG.

Assim sendo, as novas gerações precisam enxergar na organização um lugar onde possam viver e realizar o seu propósito de vida. Elas buscam o equilíbrio sensível entre trabalho e vida pessoal (família, amigos e lazer).

O líder precisa entender e interpretar a missão e a visão da organização e buscar conectá-las com os propósitos de seu time, transformando-as, dessa forma, em parte importante do propósito coletivo. Ele tem a tarefa de obter o comprometimento de todos para a mesma causa, cabendo-lhe criar o clima organizacional necessário para que isso se concretize. Desse modo, o esforço das lideranças estará em perceber e buscar atender às aspirações das pessoas e conectá-las com as demandas da organização, buscando uma relação de "ganha-ganha".

Um caminho possível e adiante é o líder criar um ambiente com desafios que propiciem, sempre que possível, o *intraempreendedorismo*, de modo que as pessoas possam se preocupar com os problemas relevantes da organização para trazer soluções com sua iniciativa, criatividade e inovação, ao mesmo tempo em que realizam seu propósito pessoal alinhado ao da organização.

Porém, esse caminho somente será possível se o líder tiver a preocupação genuína de sempre manter os colaboradores informados e atualizados, se os fizer se sentirem vistos e ouvidos e se os mantiver no foco e na direção certa. Para isso acontecer, todos os sentidos devem estar abertos, mente e coração precisam estar atentos, e a generosidade, principalmente, deve estar presente para compartilhar conhecimento e experiência, a fim de apoiar as pessoas em busca do sucesso.

Satisfação no trabalho × desenvolvimento do potencial

As novas gerações não estão atrás de possíveis elementos usados pelas empresas para obter a satisfação dos empregados, como ambientes diferenciados e confortáveis, cafeterias charmosas... nada disso enche seus olhos.

Os novos profissionais não estão atrás de um chefe. Eles estão atrás de um líder que os olhe de maneira diferente, descobrindo o que eles têm de melhor e que talvez eles próprios não saibam. Precisam de alguém que os ajude a descobrir e a entender seus pontos fortes, e que lhes mostre o caminho para desenvolvê-los.

E tudo isso com um canal de comunicação aberto e contínuo. Já não faz mais sentido pensar em avaliação anual para discutir o desempenho do ano que passou ou o que já aconteceu. Essas pessoas querem comunicação constante e feedbacks imediatos. Isso gere o clima do ambiente de trabalho para corrigir rotas rapidamente, além de realizar os alinhamentos sempre que necessário com rápida aplicação.

Pontos fracos × pontos fortes

Falar dos pontos fracos para as novas gerações é pura perda de tempo e não vai levar a nenhuma mudança. É preciso conhecer nossas fraquezas, mas não pensar em transformá-las em pontos fortes. Elas estão interessadas em ter seus pontos fortes reconhecidos e reforçados, o que poderá alavancá-las ao infinito. Entenda os pontos fracos, mas reforce os pontos fortes a fim de maximizá-los!

Trabalho × sentido da vida

Conforme a pesquisa da Gallup, um bom emprego é o maior desejo de todos, e mais ainda para as novas gerações. Assim sendo, elas buscam um emprego em organizações que possibilitem a elas encontrar o sentido de sua vida no trabalho, comungando com ele sua missão e o seu propósito, valorizando seus pontos fortes, reconhecendo suas contribuições e dando-lhes a chance de oferecer seu melhor todos os dias. Ou seja, são pessoas que buscam organizações que os realizem plenamente em suas aspirações existenciais.

Elas vieram para dar uma nova ordem na hierarquia clássica das motivações humanas trazida por Maslow. E é tarefa do líder captar e entender esses novos desejos, essas novas aspirações.

Omissão × busca ativa pelo respeito e inclusão da diversidade

Reconhecer e valorizar a diversidade é um posicionamento urgente, pois o cenário mundial, tanto público quanto privado, é de intolerância e reprodução de formas padronizadas e estereotipadas de relação.

Eu primeiramente preciso reconhecer minhas próprias crenças e valores que me movem como sujeito social e produtivo, para depois identificar e entender o que move o outro, cada um na sua individualidade. O outro é outro porque é diverso. Dessa diversidade é que se constrói o coletivo, o todo. Das diferenças, nascem os encaixes.

Faz parte do escopo do líder tornar o outro mais preparado para ser, de fato, o que ele é. É o desafio de aceitar o outro como um ser único e singular. Não se deve moldar, podar, tolher. É preciso, antes de tudo, libertar o que cada um tem de melhor.

Quando a liderança mostra, através do exemplo nas palavras e nas ações, um comportamento aberto, receptivo, sem qualquer discriminação de raça, credo, gênero ou classe social, todos os membros da equipe replicarão o mesmo modelo na relação com seus pares. A aceitação mútua das diferenças de ideias e perspectivas é o que resultará em um ambiente inclusivo e harmonioso, a partir dos ajustes dessas interações.

O principal a ser entendido aqui é que o esforço deve ir além de reconhecer a diferença. Este é apenas o começo. O objetivo maior é incluir a todos e entender que, enquanto todos não tiverem acesso às mesmas oportunidades de sucesso, sempre haverá desigualdade a ser corrigida. Estamos falando de diversidade cognitiva, de pensamentos, de habilidades complementares, de qualidade de divergências que nos tirem das discussões polarizadas e nos levem aos debates e diálogos inovadores e que, acima de tudo, nos trazem novas perspectivas. E tudo isso dentro de uma visão sistêmica.

No futuro não caberão mais decisões que nos levem a resultados aceitáveis para uma parte do sistema apenas. O todo deve ser o propósito da geração de impacto. Para isso, deveremos ser capazes de sustentar a complexidade e a diversidade das decisões, formando times diversos, que tenham qualidade e tomem decisões que tragam valor para a organização. Mulheres, homens, novas gerações, diferentes *mindsets*, igualdade e dignidade nas recompensas, abertura para o disruptivo: isso tudo é o que devemos incluir.

Volto à declaração dos Direitos Humanos: "Todos os seres humanos nascem iguais em dignidade e direitos". Todos têm direito ao tratamento justo e igualitário em todas as situações, e isso traz também embutida a não submissão àquilo que não se julgar próprio ou justo, independentemente da hierarquia estabelecida.

Obediência incondicional × autoria e protagonismo

Em dias de tanta turbulência, sujeitos às contínuas intempéries, os paradigmas tradicionais de comando e controle, mais do que desnecessários, tornaram-se prejudiciais. Para se ajustarem ao caos reinante, não resta alternativa às organizações senão dar aos líderes e às suas equipes autonomia e empoderamento.

A autonomia e o empoderamento significam bem mais do que delegar. É a distribuição de poder, da autoridade, levando consigo também as responsabilidades, permitindo a efetiva apropriação da autoria.

Nesse processo, os líderes não devem ver a autonomia e o empoderamento como uma perda, mas como um ganho ao distribuir responsabilidades, permitindo que eles se dediquem ao seu papel efetivo.

Os colaboradores, por sua vez, devem ver o avanço como forma de assumir a liberdade necessária para serem os sujeitos e participantes diretos das decisões e das ações, tornando-se, assim, os principais autores e protagonistas, aumentando exponencialmente sua autodeterminação para o atingimento das metas propostas.

Ao proporcionar autonomia, a empresa encoraja o processo de auto-organização e de autocontrole por parte dos colaboradores, possibilitando as múltiplas interações de seu funcionamento até que as várias peças da companhia possam trabalhar juntas, de maneira cada vez mais efetiva, tornando-se mais flexíveis e resilientes.

Três Ps motivadores

Revisando todas as conclusões dessa análise e incluindo os aprendizados com o estudo da Gallup, de modo direto e talvez simplista, resumi as novas aspirações em apenas três palavras que começam com a letra P. Ou seja, todo o trabalho e novo desafio para as novas gerações precisa conter:

Propósito

Deve fazer sentido para a vida, estar dentro dos valores em que acreditam. Além dos objetivos imediatos, deve impactar positivamente o mundo e a humanidade para que seja transcendente.

Projeto

Deve ser algo que signifique desafio, que tire da zona de conforto, que tenha os objetivos claros e cuja contribuição individual e singular possa ser percebida e valorizada como importante.

Prazer

Precisa ser algo que gere aprendizagem e novos conhecimentos, reconhecimento pela contribuição, convivência gratificante com os pares, ganhos além do financeiro, felicidade e realização pessoal.

Pertencer a um grupo e ser feliz

Não existe exemplo que ilustre melhor o ambiente desejado pelas novas gerações do que o das startups. Um grupo de jovens que se reúne ao redor de um sonho, materializado em uma ideia, orientados pelo mesmo propósito em busca de sua felicidade de vida. Ali não existe hierarquia, ninguém manda mais do que ninguém, pois quem "vence" é a melhor ideia.

Nenhuma ideia deve ser descartada até que seja provado que não funciona. Lidera quem estiver defendendo a melhor ideia. Não há lugar para orgulho bobo. Você pode construir sua proposta a partir da colaboração dos outros. Todas as boas contribuições são reconhecidas e muito celebradas. É um lugar onde se exploram e se valorizam ao máximo o potencial e o diferencial de cada um, para que todos se realizem e sejam felizes. Precisa de mais que isso?

Termino este capítulo pensando se não era esse o sonho de todas as gerações anteriores quanto aos seus desejos e aspirações no ambiente de trabalho, se não fossem os limites aprisionantes impostos por uma estrutura hierárquica clássica, ancorada no binômio do comando e do controle que tanto mina o que o ser humano tem de melhor: sua liberdade e criatividade.

CAPÍTULO 6

O líder
neces

sário

❝ [...] a justiça cresce proporcional à maneira com que nos reconhecemos nas outras pessoas e entendemos que minha liberdade depende de você ser livre também. ❞

BARACK OBAMA, EM 25 DE JUNHO DE 2015, EM
DISCURSO NO FUNERAL DO MASSACRE DE CHARLESTON

Associo o que está acontecendo nas organizações à passagem do obscurantismo das trevas da Idade Média para o resplandecer glorioso do Renascimento. Do Teocentrismo da organização para o Antropocentrismo da pessoa. Da organização como centro para a pessoa como centro de tudo.

A liderança passa a ter seu foco na pessoa, na individualidade e diversidade, mas, principalmente, em identificar e libertar o potencial de cada um e criar condições para desenvolvê-lo em todas as dimensões. Nesse modelo, a autonomia é essencial para sua contribuição plena, usando o melhor da iniciativa e criatividade e permitindo, assim, a autoria e o protagonismo das ações que estão sob sua gestão.

Como resultado dessa constituição de indivíduos fortes, o líder, na sua função de congregar, unir e integrar para a construção do coletivo, na realidade está contribuindo para fundar uma organização também forte. Indivíduos fortes podem criar uma organização forte e não o contrário.

Exercer liderança é estar em sintonia com os anseios de cada liderado e construir uma unidade de pensamento entre as pessoas, dando real significado para o trabalho de cada um que participa de uma realização coletiva. É ter foco no propósito e nas pessoas envolvidas – e não na organização. É esquecer de vez a imagem dos líderes como condutores e salvadores da pátria, tão influenciada por Hollywood e suas produções que mostravam o líder como aquele andando na frente de uma legião de seguidores ou alguém discursando diante da plateia entusiasmada. Esses heróis se tornaram o símbolo do modelo mental da era do comando e do controle, o paradigma de liderança e de gestão das últimas décadas.

O verdadeiro líder tem uma dimensão humana muito maior. Ele é capaz de compreender os comportamentos individuais, captar as reais necessidades de um grupo ou organização e apontar o melhor caminho para o desenvolvimento de todos. Quando existe esse tipo de liderança, a organização adquire identidade porque todos os seus membros passam a compartilhar de um objetivo comum. Assim, ela se desenvolve e evolui naturalmente.

Criar organizações em que a liderança não seja exercida por meio da imposição e do controle de uns sobre os outros é um grande desafio que precisamos vencer. Para o homem descobrir essa nova maneira de se relacionar com os seus semelhantes e exercer uma liderança positiva entre eles, precisa dedicar boa parte do seu tempo a si mesmo, para aprender a administrar o *eu*.

As organizações vão continuar existindo com seus processos, gerando produtos e serviços para os clientes, mas possivelmente com uma forma de se organizar diferente, com estrutura e sistema de liderança mais flexíveis, fluidos, maleáveis e adaptáveis às múltiplas situações que se apresentam.

Estamos falando de organizações nas quais a função da liderança deixa de ser aquela de comandar e controlar pessoas para ser aquela de desenvolver e realizar pessoas; e que através da comunhão de propósitos, muito além de metas e resultados, busca a realização humana, dentro de uma perspectiva menos competitiva e excludente, para cultivar um ambiente mais cooperativo e integrador, no qual o foco é o ser humano e suas capacidades.

De igual para igual

Esqueça-se de vez da expressão "o líder e seus comandados". Nada me soa mais antigo e autoritário. O novo mundo organizacional que está se criando necessita de lideranças consistentes, diretas e transparentes, capazes de motivar e de engajar equipes conectadas e alertas para dar respostas muito rápidas em um ambiente incerto. Estamos falando de um ambiente globalizado e interdependente, tendo a tecnologia como habilitador essencial que impõe ritmo cada vez mais acelerado e no qual se apresentam infinitas variáveis, com total imprevisibilidade.

Se falamos em um tempo de autonomia para as pessoas e equipes tomarem decisões e serem os protagonistas de suas ações, nasce uma outra ordem de liderança, na qual, mais do que regras, agora valem os princípios; mais do que o comando, floresce a cocriação; mais do que a prescrição, vem a proposição para a busca conjunta da solução.

Com relação a cada integrante da equipe, o novo líder deve ter como meta, como resultado de cada interação com cada pessoa, que dela resulte um novo comportamento, uma nova atitude, que leve a um maior comprometimento, que resultará em seu melhor desempenho, mas que também resulte em maior motivação e realização pessoal.

Com relação à equipe, tendo conquistado cada um de seus integrantes por meio dessa forma de relação, cabe agora ao líder direcionar os esforços de cada um dos envolvidos da equipe para o ganho coletivo, transformando-se em ponte viva entre indivíduos e equipe, entre equipe e equipes, unindo, integrando e congregando as partes com o todo, a organização.

Num sistema caótico, a função do gestor é o reforço da missão como propósito de todos, a verbalização da visão como meta coletiva e a propagação dos valores como comportamentos desejados, e não mais o estabelecimento de regras ou controles. Os controles se farão basicamente em termos de resultados coletivos e setoriais, com o mínimo possível de procedimentos.

O líder deve se concentrar na facilitação, articulação e no gerenciamento dos limites, criando condições propícias para permitir que o sistema descubra sua melhor forma de funcionar através da auto-organização e do autocontrole. A missão que passa a desafiá-lo diariamente é aquela de derrubar os muros das antigas referências para construir as pontes para uma nova dimensão do papel das pessoas nas organizações.

Da consistência desse comportamento nascerá a fé no propósito coletivo e a confiança mútua para uma nova forma de relação, de igual para igual, vertical e horizontalmente, respeitando as individualidades.

Aprender a aprender

> "Em uma época de mudanças drásticas, são os que têm capacidade de aprender que herdam o futuro. Quanto aos que já aprenderam, estes descobrem-se equipados para viver em um mundo que não existe mais."
>
> **ERIC HOFFER**

Quando a relação da liderança consegue se estabelecer por meio do diálogo e reconhecimento de todos, a organização aprende e se inspira na diversidade de pensamento de cada um de seus integrantes – que, interagindo entre si, geram a riqueza do ganho da aprendizagem do coletivo e criam um ambiente longe do autoritarismo e da rigidez dos modelos tradicionais.

As pessoas com a mente aberta verão novas possibilidades que podem surgir quando começarem a valorizar a diversidade de percepção e pensamentos. A fluidez no ambiente terá como resultado a construção de relações mais consistentes entre as pessoas, em um clima de confiança. Para conquistar esse novo padrão de organização, a principal tarefa das pessoas inicialmente será tão simples quanto **aprender a aprender** a partir do respeito às individualidades e às diferenças.

Tudo começa por você mesmo

> "Cada qual é o mestre de si mesmo pela própria experiência! O eu é o mestre do próprio eu. Que outro mestre poderia existir?"
>
> **SUTTA-NIPATA**

Gosto muito do sentido essencial da frase acima. *Sutta-Nipata* é uma das escrituras que contêm ensinamentos sagrados do Budismo antigo. É uma fonte constante de inspiração e guia para os caminhos da vida. Como dizia Sócrates, o filósofo grego: "Aquele que aspira a governar a cidade precisa, antes, aprender a governar a si mesmo".

Para liderar, o primeiro passo é aprender a administrar a si mesmo, como também sugere Dee Hock (Cultrix, 2000), executivo já apresentado anteriormente:

> A primeira e suprema responsabilidade de quem pretende administrar é administrar a si mesmo: integridade, caráter, ética, conhecimento, sabedoria, temperamento, palavras e atos. É uma tarefa complexa, interminável, incrivelmente difícil, muitas vezes evitada. A administração do eu é algo a que dedicamos pouco tempo e que raramente dominamos, pois é muito mais difícil do que determinar e controlar o comportamento dos outros. Sem administração do eu, ninguém está preparado para ter autoridade, mesmo que a tenha.

Exercer **liderança** é estar em <u>sintonia</u> com os anseios de cada liderado e construir uma <u>unidade de pensamento</u> entre as pessoas, dando **real significado** para o trabalho de cada um que participa de uma **realização coletiva**.

O sucesso de nossas iniciativas depende diretamente do conhecimento que cada um tem de si mesmo, principalmente do que tem de melhor e do que ainda pode melhorar. A busca pela liderança começa dentro de cada um para descobrir quem é, o que deseja, o que o motiva e o que o limita.

Dessa descoberta, nasce a confiança para liderar. Quem não se conhece o suficiente não se sente dono de si, não pode se guiar e menos ainda tem condições de guiar outras pessoas. Os líderes que se conhecem se sentem bem consigo mesmos, agem de maneira consistente em diferentes situações e conquistam a confiança dos superiores, colegas e liderados.

Nos meus processos de coaching com executivos em formação, tenho sugerido algumas ideias que coletei de Peter Drucker, em seu artigo para a *Harvard Business Review* publicado no livro *Gerenciando a si mesmo* (Sextante, 2018).

Analise as próprias forças

Cecília Bergamini, escritora, professora da FGV e consultora de empresas, foi uma das pioneiras no Brasil em avaliação de desempenho e a introdutora do Método LIFO (*Life Orientation*), de Allan Ketcher e Stuart Atkins, para identificar as características motivacionais da liderança. Pelas pesquisas que levaram à LIFO, ficou provado que o uso excessivo de um ponto forte pode se tornar a própria fraqueza do indivíduo e, conclusão ainda mais importante, as pessoas basicamente não mudam, cabendo aos líderes e aos próprios sujeitos valorizar o uso de seus pontos fortes e administrar os potenciais pontos fracos.

O passo inicial necessário para o autoconhecimento é a noção clara dos próprios pontos fortes, das alavancas que tornam o indivíduo único e capaz de se diferenciar. Em contrapartida, os pontos fracos se mostram pouco mutáveis. Basta conhecê-los e reconhecê-los, administrando-os, como parte da jornada de crescimento pessoal. O esforço deve ser direcionado no sentido de fazer crescer os fortes e achar o lugar e as oportunidades para usá-los.

Como identificar seus pontos fortes? Prestando atenção nos feedbacks recebidos nas diversas situações, tendo os ouvidos abertos às observações e críticas dos colegas e dos colaboradores e, quando receber alguma, analisando os resultados dos instrumentos de avaliação dos processos de gestão de pessoas. A partir daí, fica fácil definir o próprio diferencial que vai lhe possibilitar ser um profissional mais efetivo e realizador, com mais resultados, valorização e, assim, mais motivação.

Reconheça os próprios valores

Os valores nascem de suas crenças e convicções. Quando se tem o claro entendimento deles, você consegue estabelecer os princípios de acordo com os quais quer liderar. São seus valores traduzidos em ação. Somente somos felizes, realizados e motivados quando nossas crenças e valores estão em harmonia e comungam com os da empresa na qual trabalhamos.

Nos momentos de dúvida ou insatisfação, naqueles nos quais não se identifica a origem desses sentimentos, é hora de olhar para dentro de si e fazer um balanço comparativo entre o que temos dentro de nós, as coisas em que acreditamos e o que o ambiente da empresa e as práticas que a liderança nos impõem. Se não estiverem em sintonia, melhor procurar outros caminhos.

Encontre o lugar a que pertence

Busque um propósito que desperte sua paixão, que faça seus olhos brilharem. A área profissional em que atuamos, grande parte das vezes, não é resultado da nossa escolha. É fruto do acaso ou de termos seguido a fila que estava a nossa frente. Sempre é tempo de parar e refletir se é o lugar ao qual você pertence; se é onde, mais do que aplicar suas habilidades e competências, você vai realizar seus desejos interiores, sua vocação pessoal. Se dessa reflexão resultar a necessidade de uma nova escolha, é momento de definir um novo caminho e uma nova estratégia pessoal para chegar lá e não se arrepender depois.

Descubra a contribuição que pode dar

Os passos anteriores vão definir o lugar e a posição em que sua contribuição vai fazer a diferença. A organização espera que cada um dê o melhor de si, que contribua e também se realize. Não hesite em expor suas motivações e suas ambições. Impossível sabê-las se não forem ditas. O mesmo serve com relação aos colaboradores procurando ouvir os líderes para que expressem sobre onde sua contribuição pode ter maior valor e no que sua realização vai aumentar.

Cuide bem de seus relacionamentos

Desenvolver relacionamentos duradouros é a marca dos grandes líderes. O mundo hoje é uma grande rede, e você faz parte dela. Saiba estar atento às pessoas ao seu redor, as que aparecem ou passam pelo seu caminho. Preste atenção e dê atenção, peça ajuda e ajude. Essa atitude aberta e solidária, de relação "ganha-ganha", vai gerar os vínculos que lhe servirão de apoio em algum momento futuro.

Sementes de possibilidades

"Recursos humanos são como os recursos naturais, muitas vezes, eles estão escondidos bem no fundo. Você tem que buscá-los, eles não ficam nas superfícies. Você tem que criar as condições para que eles se apresentem [...] Bem abaixo das superfícies estão as sementes das possibilidades esperando pelas condições ideais [...].

> O papel da liderança na educação não deve ser de comando e de controle[...].
>
> [...]."
>
> **KEN ROBINSON** — *O ELEMENTO* (LUA DE PAPEL, 2021)

Nada mais próprio para descrever o potencial humano do que compará-lo às sementes que podem germinar, crescer e frutificar. Na nova organização, é papel do líder descobrir as sementes de possibilidades de cada liderado e criar o clima necessário para elas se desenvolverem e frutificarem.

Ken Robinson é o autor, entre outros, do livro *O elemento*. Dá palestras pelo mundo sobre o poder criativo, nas quais explora conceitos inovadores da educação, principalmente quanto à relação educador/educando, valorizando a importância do respeito à individualidade e à criatividade de cada um. Defende a ideia de que a grande função do educador é oportunizar o aparecimento do talento de cada um e criar as condições necessárias para que ele seja fortalecido.

Quando assisti a um vídeo de uma palestra que ele deu em 2006, em um evento do TED Talks, em Monterrey, de imediato me lembrei dos líderes nas empresas. O que são os bons líderes senão os mestres das organizações?

Mestre vem do latim, *magister*, que quer dizer "o que manda, o que conduz, mas é também o que ensina". Mestre é o que sabe, o que domina o que sabe e ensina outras pessoas.

Hoje em dia, nada me emociona mais do que ser chamado de mestre por algum antigo colaborador, seja nos contatos pessoais, seja nas referências a minha pessoa. Por certo, será alguém de quem, algum dia, descobri o talento diferenciador e lhe ofereci a oportunidade que estava esperando para florescer. Mestre é quem educa, a missão mais divina e realizadora da vida de alguém.

---

[7] ROBINSON, K. As escolas matam a criatividade? Youtube. Disponível em: <https://www.ted.com/talks/sir_ken_robinson_do_schools_kill_creativity>. Acesso em 27 jan. 2022.

A exemplo das propostas de Ken Robinson sobre a mudança do papel do educador nas escolas, a função do líder nas empresas também deve mudar, caso isso ainda não tenha acontecido. Das ações diárias do novo líder, devemos esperar a observação e o uso dos instrumentos de avaliação disponíveis nos processos de gestão de pessoas, o mapeamento das habilidades e competências dos membros de sua equipe, para, com os resultados obtidos, poder oferecer-lhes as melhores condições de desenvolvimento e crescimento.

Ser líder, como educador, é respeitar a individualidade e o saber das pessoas, entendendo seus interesses e identificando seu talento, para buscar o que elas têm de melhor e único, criando-lhes um ambiente de autonomia e de autocontrole, no qual exista espaço para a troca de saberes e para que elas se expressem.

O exercício da liderança inteligente não acontece pelo comando e controle, mas por meio dos fundamentos e métodos propostos pelo sistema de gestão e pela gestão de pessoas – principais alinhadores da cultura empresarial, sobretudo pela prática e pela vivência dos valores –, através da negociação de metas claras e bem definidas e da prática consistente do método PDCA, do inglês *Plan, Do, Check, Act* [Planeje, Faça, Verifique, Aja] e, por fim, por meio de instrumentos confiáveis de avaliação para reforço, orientação e correção dos desvios.

Ao ter seus líderes agindo como educadores, a empresa pode se tornar uma autêntica escola, na qual é possível:

- Criar um ambiente para o exercício da autonomia dos indivíduos que executam cada atividade, para que se sintam e ajam como donos do próprio trabalho;
- Tratar cada um como o principal responsável pelo próprio desempenho;
- Identificar os talentos e os potenciais individuais;

- Oportunizar condições para o desenvolvimento das habilidades e as competências necessárias para seu crescimento;
- Transformar a organização em um lugar onde as pessoas sejam desafiadas a aprender continuamente.

A verdadeira dimensão humana

Quando falamos em respeito à diversidade, estamos de imediato abordando a necessidade de termos uma relação única e pessoal com cada um e com todos. Estamos falando da importância de o líder levar em consideração a individualidade de cada um e cuidar das pessoas de maneira única e pessoal.

Esse pensamento me remete a uma ocasião em que fui provocado a refletir sobre um aspecto para o qual ainda não tinha voltando a minha atenção: o "cuidar", a partir do conceito de **cuidado** defendido por Bernardo Toro.

Toro é um filósofo e educador colombiano, prestigiado pensador e conferencista que tem andado pelo mundo divulgando suas ideias inovadoras sobre educação, cidadania, terceiro setor, entre outros tantos temas. Antes de chegar a Bernardo Toro, fui ao dicionário, onde encontrei, entre outras, as seguintes definições para **cuidado** ou **cuidar**:

1. Ação de tratar de algo ou alguém;
2. Zelar ou tomar conta de algo ou alguém;
3. Preocupar-se com ou assumir a responsabilidade de;
4. Dar atenção a; reparar ou notar;
5. Manifestar interesse ou atração.

Não satisfeito com minha "descoberta", fui buscar o verbete **cuidador de pessoas**, que já se tornou um jargão comum no vocabulário diário em função da longevidade do ser humano cada vez mais crescente. Nos manuais editados pelas Secretarias de Saúde e do Bem-Estar, selecionei algumas afirmações interessantes:

> Cuidador é um ser humano de qualidades especiais, expressas pelo forte traço de amor à humanidade, de solidariedade e de doação.
> O cuidar assim entendido nunca será "fazer por", mas sempre "fazer com" e implica, além do desenvolvimento de técnicas, o envolvimento pessoal naquilo que se conhece como relação de ajuda.
> Relação de ajuda é uma ligação profunda e significativa entre a pessoa que ajuda e a que é ajudada.

Não é por acaso que estou citando esses trechos, resultantes das minhas pesquisas. Percebi a proximidade que existia entre esses conceitos e o que viria a descobrir nas ideias de Bernardo Toro.

Quando fui pesquisar alguns vídeos de Bernardo Toro e li seu texto chamado "Cuidado: paradigma ético da nova civilização", comecei a entender a dimensão ético-filosófica do papel do líder. Uma função de contribuição mais ampla à humanidade.

BRASIL. Ministério da Saúde. **Guia prático do cuidador**. Brasília: Ministério da Saúde, 2008. Disponível em: <https://bvsms.saude.gov.br/bvs/publicacoes/guia_pratico_cuidador.pdf>. Acesso em fev. 2022.

FUTURIDADE. **Manual dos cuidadores de pessoas idosas**. São Paulo: Governo do Estado de São Paulo. Disponível em: <https://www.desenvolvimentosocial.sp.gov.br/a2sitebox/arquivos/documentos/303.pdf>. Acesso em fev.2022.

SÃO PAULO. Secretaria da Saúde. **Gerenciamento de cuidados para a atenção integral à saúde da pessoa idosa.** São Paulo: SMS, 2015. Disponível em: <https://www.prefeitura.sp.gov.br/cidade/secretarias/upload/saude/ems/APOSTILA%20CURSO%20DE%20GERENCIAMENTO%20DE%20CUIDADOS%20DA%20PESSOA%20IDOSA_CD.pdf>. Acesso em fev. 2022.

TORO, B. **O cuidado**: o paradigma ético da nova civilização, Bogotá 2009. Faculdade SESI. Disponível em: <https://www.faculdadesesi.edu.br/wp-content/uploads/2017/02/Texto-_Bernardo-Toro.pdf>. Acesso em fev. 2022.

O <u>chamado à liderança</u> é uma convocação para uma **missão única, pessoal** e **intransferível** de <u>transformar a vida</u> de pessoas. Ninguém poderá cumpri-la em seu lugar.

"O cuidado não é uma opção. Ou aprendemos a cuidar, ou pereceremos": esse é o mote que o autor utiliza para iniciar suas conferências. Ou mudamos, ou destruiremos nossa própria espécie. Ele define alguns preceitos essenciais para o exercício do **cuidado**, dos quais vou me aprofundar nos mais relevantes para o tema que estamos tratando nesta obra:

- **Ter um projeto ético de vida:** Ter em sua função a missão de buscar a dignidade humana. Buscar em si e nos outros, em cada um da equipe, o que tem de melhor e usar isso em benefício do todo, da equipe, da empresa, da sociedade;
- **Cuidar de si, do outro e de estranhos:** Cuidar é reconhecer a existência do outro e do lugar que ele ocupa no grupo; preocupar-se com o outro e adotar uma dimensão mais ampla do cuidado físico e mental; respeitar o outro nessa dimensão maior como ser humano;
- **Aprender a pedir e a oferecer ajuda:** O que é a função do líder se não pedir e oferecer ajuda? Quando você pede ajuda, reconhece o outro; e, quando é ajudado, é reconhecido pelo outro. Dessa relação, nascem os vínculos e se criam redes, hoje tão necessárias para a função do líder;
- **Estabelecer relações "ganha-ganha":** Buscar relações cooperativas com ganhos mútuos mais do que relações competitivas de "ganha-perde";
- **Ter respeito:** Ter um olhar atento sobre cada indivíduo da equipe e reconhecê-lo em suas características únicas, como um legítimo outro, diferente de nós, identificá-las e valorizá-las, procurando aplicá-las da melhor forma;
- **Saber conversar:** Se expor de maneira clara, como forma de respeitar o outro, para se fazer entender; saber perguntar, tendo nas hipóteses e nas perguntas o caminho para obter e

organizar o pensamento e o conhecimento; saber ouvir para dar espaço para o outro se posicionar e se construir no diálogo; ficar em silêncio para ouvir o próprio pensamento e para ouvir o outro;

- **Dar autonomia:** A autorregulação é a verdadeira expressão da liberdade, da autoridade, que pode gerar o acerto e o erro, mas também a responsabilidade assumida e a mudança necessária; autonomia gera felicidade, que gera comprometimento.

Agindo assim, o líder transforma a organização e alcança a comunhão de objetivos entre todos. O líder não vê as pessoas como simples recursos para obter resultados. Antes, enxerga-as, trata e cuida delas como indivíduos com desejos e necessidades próprias a serem reconhecidas e oportuniza, no trabalho, um espaço para seu desenvolvimento e realização pessoal. O líder cuidador de pessoas se preocupa com a mente, o corpo e o coração, cuida da pessoa integralmente, pensando no indivíduo, na equipe, na companhia e na sociedade.

A busca pela humanização das relações, colocando-as num patamar superior ao relacionamento de chefe e subordinado, dando autonomia, autoria e protagonismo ao sujeito da ação, não elimina o conflito, mas pacifica as trocas. Trabalhar em constante consenso não leva ao crescimento. O conflito leva ao debate e a busca por soluções que, por sua vez, levam a novas alternativas e decisões.

Missão única, pessoal e intransferível

Pode parecer um delírio messiânico, mas o chamado à liderança é uma convocação para uma missão única, pessoal e intransferível de transformar a vida de pessoas. Ninguém poderá cumpri-la em seu lugar. A partir da aceitação dessa missão, começa seu desafio de resgatar de cada pessoa o melhor que há nela, para que alcance a própria realização pessoal e para o ganho coletivo.

A essência de seu papel é elevar a visão dos liderados para uma dimensão maior que a simples tarefa do cotidiano. Mais do que tudo, oferecer-lhes um propósito, uma visão de futuro e um caminho para seu desenvolvimento pessoal e profissional.

É uma tarefa que eleva o líder a outra dimensão, que o leva para dentro de uma dimensão humana que lhe cobra empatia, compaixão e sensibilidade social, criando uma relação de extrema confiança e parceria para ultrapassar desafios mútuos.

O grande foco é tornar toda a equipe consciente de sua importância e do valor de seus esforços para o alcance dos resultados. É também, e tão importante quanto, servir-lhes de mestre, exigente e desafiador, fazendo-os crer em seu potencial infinito e oferecendo-lhes as melhores condições de realizá-lo, estimulando-os continuamente a superarem os limites, a avançarem nas expectativas e a celebrarem as conquistas.

Assim pensando, liderar é o resultado do vínculo pessoal, e não da posição. É um contrato individual com cada liderado.

Quando penso nos grandes líderes da humanidade – religiosos, políticos, militares ou sociais –, líderes que, com seu carisma e força de inspiração, com discurso acompanhado de prática, com seu exemplo de vida e sua luta, transformaram a sociedade, consigo perceber claramente que todos têm em comum comportamentos muito semelhantes que, de certa forma, podem se aplicar ao tipo de líder de que estamos falando nestas páginas:

- Compartilham sonhos e aspirações, resultado de seus propósitos e de sua visão;
- Mobilizam seus liderados, através de ações, em sua direção;

- Transformam significativamente a vida de seus liderados, compartilhando com eles o propósito e o significado do trabalho;
- Conhecem as necessidades e aspirações de seus seguidores;
- Oferecem caminhos e alternativas para seu atendimento;
- Obtêm plena adesão através do mútuo comprometimento;
- Acreditam e confiam em seus seguidores;
- Prometem recompensas aos seus seguidores fiéis;
- Dão testemunhos de fé em suas crenças e seus ideais, servindo de exemplo para outros.

E muitos desses líderes sacrificaram até a própria vida pela causa com a qual se comprometeram. Depois de mortos, seus propósitos, suas crenças, seus valores e, principalmente, seus exemplos, passam a orientar e regrar a vida dos seguidores.

Trago essa reflexão não para criar uma ideia de "dar a vida" pelo trabalho, mas para encarar a dimensão da liderança para além do curto prazo, como parte da construção do seu legado como líder.

Nesse novo paradigma, o líder deve liderar pela essência. Ele deve aprender a comunicar seu propósito com paixão e clareza, a ouvir com empatia, a cuidar das relações, a influenciar pessoas com seu carisma e através do exemplo, servindo o coletivo e deixando o ego de lado. Provavelmente, o novo líder deverá se espelhar cada vez mais naqueles que o inspiram através do exemplo, da ética e da integridade, e aplicar esses ensinamentos na prática, para assim ser capaz de liderar a si próprio e a organização à qual pertence.

As conexões entre líder e liderados se transformarão em vínculos verdadeiros por meio da confiança mútua – que será construída nesse processo interativo, sustentada pelo pilar da **integridade** e alicerçada em quatro pedras angulares: **competência** validada pelos resultados obtidos; **lealdade** demonstrada nos momentos difíceis; **abertura** sem qualquer censura prévia e **consistência** entre a palavra e a ação.

Em um ambiente fluido e impermanente, no qual as linhas de comunicação e de autoridade não aparecem no novo desenho organizacional; no qual amplitude de controle já deixou de existir; no qual se valorizam a autonomia, a autogestão e o autocontrole dos liderados, o líder terá cinco focos em sua atividade:

> **Congregar pela missão**, transformando seu enunciado em um mantra que convoca os liderados todos os dias para voltar ao trabalho, unindo-os e dando-lhes um propósito valioso para sua vida;
>
> **Direcionar pela visão**, oferecendo-a como um sonho coletivo que justifique o esforço de todos em busca da realização;
>
> **Alinhar pelos valores**, divulgando-os, enfatizando-os e cobrando-os em todas as situações, para transformá-los em ação efetiva, através dos comportamentos necessários para gerar os resultados desejados;
>
> **Conduzir pelo sistema de gestão**, transformando-o no principal fio condutor das decisões e das ações necessárias para atingir as metas definidas para os diversos níveis;
>
> **Inspirar pelo exemplo**, transformando-se no eixo que distribui energia vitalizante e que reconhece e reforça aqueles comportamentos que se espera consolidar, como a almejada nova cultura organizacional.

O exercício consistente desses conceitos e das práticas propostas será o advento de uma nova organização, na qual pessoas mais felizes e realizadas entregarão resultados superiores e construirão uma empresa mais humana e mais competitiva.

CAPÍTULO 7

Uma jor
transfor

nada
madora

> **Somente nos momentos em que exerço minha liberdade é que sou plenamente eu mesmo.**

KARL JASPERS, FILÓSOFO ALEMÃO

Como colocar os princípios da nova organização e da nova liderança em prática? A teoria é sempre empolgante, mas, muitas vezes, não sabemos como operacionalizar os ideais com os quais concordamos. Por isso, neste capítulo, quero dividir um relato pessoal de como foi possível fazer uma grande transformação na Gerdau por volta do ano de 1995. Essa mudança foi baseada exatamente na visão de autogestão, autonomia e liberdade que temos debatido ao longo desta obra.

Nesse período, eu atuava como vice-presidente de recursos humanos e desenvolvimento organizacional e havia um desafio crônico sendo enfrentado pelas áreas da operação industrial da Gerdau, que se via com muitas falhas nos processos, custos elevados devido a problemas de qualidade, níveis de produtividade estagnados e abaixo da concorrência, além de baixo comprometimento da equipe.

Embora inúmeras tentativas de análise e mudança já tivessem sido realizadas, o problema persistia e parecia insolúvel. Foi então que lançamos um novo e ousado projeto, com a missão de propor uma transformação integral capaz de resolver essas questões, chamado Gestão com Foco no Operador (GFO). Ele teve como objetivo definir um sistema de gestão que, ao focar a ação no operador, o sujeito da ação, resultasse na estabilização dos processos, ao mesmo tempo que obtivesse também melhor desempenho e maior engajamento das pessoas.

A partir da organização de todas as áreas de produção da Gerdau em grupos autônomos de trabalho, denominados células operacionais, o projeto buscava dar autonomia, autogestão e autocontrole aos operadores, tirando de foco os supervisores, que passaram a ter como função apoiar os colaboradores em suas especialidades.

Enfrentando os fatos

Naquele momento, na Gerdau, os líderes das áreas industriais se sentiam insatisfeitos com o desempenho de suas equipes e igualmente frustrados com os índices medianos de satisfação e engajamento de pessoal apresentados pela pesquisa de satisfação.

Em uma análise de dados dos três anos anteriores a 1995, constatamos que os custos de pessoal e salários tinham crescido desproporcionalmente à evolução do quadro de equipe. A estrutura de controle e de supervisão, apesar da proposta de ser *flat*, chegava a ter de três a quatro níveis entre o gerente de área e os operadores, resultando em um índice de supervisão de um supervisor para cada dez empregados. Os índices de produtividade, medidos por pessoa/tonelada/ano ou pessoa/hora/tonelada, tinham variado muito pouco, ora positivamente, ora negativamente.

Para finalizar, para descontentamento de todos, na última pesquisa, o índice geral de satisfação, que mede a satisfação geral com o trabalho e com a empresa, tinha sido de 66%; e o índice de favorabilidade, que mede o nível de adesão e de aprovação às práticas de liderança e de gestão de pessoas, tinha sido de 53%. Apesar de todos os esforços e investimentos, era um quadro melancólico.

Com esse cenário e após as tentativas que surtiram poucos resultados pelas quais tínhamos passado, precisávamos buscar novas possibilidades. Abracei o desafio de encontrá-las.

O que tinha ouvido de mais inovador sobre forma de organização do trabalho, ainda nos meus tempos de faculdade, tinha sido sobre o sistema sociotécnico, desenvolvido pelo Tavistock Institute of Human Relations, de Londres, nos anos 1950. No início da década de 1970, havia lido referências sobre essa experiência na fábrica da Volvo em Kalmar, na Suécia. Depois, foram divulgadas experiências também na Saab-Scania e em outras empresas suecas – além de Renault e Rhône-Poulenc, na França, e Fiat e Olivetti, na Itália.

O chamado "modelo sueco" colocava o grupo de trabalho no centro, e o indivíduo nesse núcleo ditava e controlava o ritmo de execução. A supervisão interna do grupo substituía a função do supervisor. As decisões relativas ao processo de montagem eram feitas coletivamente, dentro de equipes autônomas, que se auto-organizavam sem hierarquia entre as funções, cuja atribuição se dava de acordo com as competências. Soava utópico para a realidade brasileira, mas algo me fez crer que valia a pena investigar um pouco mais.

Como referência brasileira, tinha lido *Virando a própria mesa* (Best Seller, 1988) de Ricardo Semler. Nele, o autor relatava a experiência em que, para salvar a própria empresa, havia construído com os empregados um sistema extremamente democrático e inovador na administração da companhia e gestão das pessoas, dando mais liberdade e poder de decisão aos empregados.

Durante a pesquisa por mais experiências bem-sucedidas aqui e no exterior, fomos visitar a Andreas Stihl, empresa alemã, na época apenas produtora de motosserras, localizada bem próxima de Sapucaia do Sul, onde está localizada a Unidade Industrial da Gerdau – Siderúrgica Riograndense, em São Leopoldo. A Andreas Stihl havia implantado o conceito de times autogeridos, que chamavam de "minifábricas", alguns anos antes. Eram grupos autônomos, organizados por etapa da linha de montagem, avaliados mensalmente por cinco indicadores de eficiência e remunerados pelos resultados. Para sustentar o modelo, havia forte investimento na capacitação técnica e nos princípios e práticas da Qualidade Total[12] para todos os empregados, afinal, o foco era produtividade e qualidade do produto.

Em nossa visita, eles nos apresentaram dados que indicavam crescimentos significativos sobre os três anos anteriores: 98% no faturamento, 72% na produção *versus* um crescimento de 30% do quadro de pessoal. Eram números surpreendentes que mostravam o sucesso do modelo, mas a questão que se levantava era se os conceitos aplicados para uma linha de montagem de uma empresa de pequeno porte se aplicariam a uma indústria de processo de grande porte.

Muito próximo dali, em Esteio, fomos visitar a Companhia Petroquímica do Sul (Copesul), hoje Braskem, onde havia uma vivência bastante interessante. Tinham enfrentado problemas muito semelhantes aos nossos e haviam contratado um projeto de reengenharia para resolvê-los. Desse esforço, resultou o Sistema Copesul de Gestão, que objetivava o comprometimento das pessoas através da liderança e de práticas consistentes na gestão dos recursos humanos, e através da modernização de seus processos pela tecnologia, pelos princípios e práticas da Qualidade Total e pela reformulação de organização do trabalho. O seu funcionamento se dava pelos seguintes parâmetros:

- Gestão colegiada de executivos;
- Organização por times de trabalho, definidos por meio dos processos;
- Redução dos níveis hierárquicos de oito para dois;

---

[12] O sistema de qualidade total data do fim dos anos 1950 e propõe uma visão de gestão que eleva a satisfação de todos os stakeholders envolvidos na jornada da companhia.

- Facilitador substituindo o chefe, que passou a atuar como orientador, educador e provedor de recursos;
- Gestão por compromisso em vez de gestão por controle;
- Decisões compartilhadas com os colaboradores;
- Capacitação das equipes com foco na polivalência;
- Processo de educação contínua e aprendizagem coletiva;
- Objetivos negociados e pactuados com as equipes.

Agora já estávamos falando de uma indústria de processo de grande porte, embora do ramo petroquímico, e já havia sinais sobre as possíveis saídas para os nossos problemas.

Estávamos bastante entusiasmados com as possibilidades de evolução que se apresentavam quando, como membro do comitê de recursos humanos do IISI – International Iron and Steeel Institute, fui convidado para uma reunião em Cleveland, na qual o tema principal era "Times de trabalho autogeridos", apresentada pelo vice-presidente de recursos humanos da Dofasco, empresa siderúrgica sediada em Hamilton, Canadá. A apresentação tinha três seções: organização e treinamento; sistema de remuneração; estilo de liderança e comunicação.

Hamilton ficava próximo a Cambridge, local que também abrigava a Courtice Steel, empresa da Gerdau no Canadá. Surgiu ali a oportunidade de apreciar uma vivência em uma empresa siderúrgica. Com o objetivo de preparar minha participação na reunião, resolvi visitar antecipadamente a planta da Dofasco, a fim de ver a experiência *in loco*.

Para minha decepção, diferentemente das outras propostas que já tinha visto no Brasil, era um projeto extremamente tímido e discursivo, cheio de cuidados e precauções, cujos dois últimos anos haviam sido dedicados apenas à preparação das lideranças dos diversos níveis para o novo desenho que estava sendo pensado.

A melhor forma de resistir à mudança é dizer que as pessoas ainda não estão capacitadas para ela. De maneira simples, estavam reforçando a resistência à mudança. Voltei frustrado para Cleveland sem nenhuma pergunta a fazer ao palestrante.

Decepcionado com a visita, no retorno ao Brasil recebi uma ligação do gerente da qualidade da unidade industrial da Gerdau em Recife – Siderúrgica Açonorte, dizendo:

> "— Lima, esquece o que você tem visto por aí. Venha para Itapissuma visitar a Alcoa e você encontrará o que está procurando. Não vai se arrepender."

Acreditei e fui conhecer a unidade de laminação da Alcoa em Itapissuma, pequena cidade a 45 quilômetros de Recife. Na primeira vez, fui acompanhado apenas pelo gerente da qualidade que tinha me sugerido a visita, para não levar um grupo sob o risco de sofrer mais uma frustração.

Mas foi uma excelente surpresa e saí maravilhado de lá. Estava ali uma referência completa e que conseguiu colocar em prática tudo o que tínhamos ido buscar em nossos contatos e visitas anteriores. Eu estava deixando de caminhar no escuro e havia perdido o medo das sombras. Era uma nova luz para nosso caminho. Uma semana depois, estávamos com uma comitiva de doze pessoas, incluindo o vice-presidente industrial da Gerdau, diretores de unidades industriais, diretor de desenvolvimento da qualidade e gerentes da qualidade. Eu tinha certeza de que sairiam satisfeitos com o que veriam.

Usando a sigla TPM – *Total Productive Maintenance* [Manutenção Total da Produtividade] como grande guarda-chuva para todo o processo de mudança que tinham em mente, a Alcoa TPM se traduziu em:

- T: Todos participando;
- P: Perda zero (zero falha, acidente, quebra etc.);
- M: Manutenção e gerenciamento.

A sigla passou a ser a diretriz de todos os esforços da empresa que levassem à maior produtividade, qualidade e comprometimento, com a plena participação das pessoas. De certa maneira, os princípios e métodos muito se pareciam com os da metodologia de qualidade total que havia na célula – um grupo de pessoas, com plena autonomia para tomar decisões, a unidade básica para a organização do trabalho, que trabalham para atender um cliente interno.

Nessa proposta, a célula é composta por operadores e mantenedores. Chefias, supervisores e alguns engenheiros deixam de existir e são transformados em líderes ou passam a ser consultores de apoio em processo, qualidade ou projetos. A principal função deles é serem facilitadores. Há um investimento intenso na capacitação técnica e metodológica de todos os membros das células, treinando-os para a função e para a multifunção. A lógica é simples: capacitar para dar autonomia. Comunicação se torna instrumento essencial para o sucesso de seu funcionamento, para transmitir objetivos, resultados, motivação, reconhecimento etc. Por meio da estruturação em células, acharam o caminho para:

- Empoderar pessoas e equipes;
- Simplificar as soluções em gestão de pessoas e controles;
- Orientar processos, produtos e clientes.

Ao retornar para a sede, todos tínhamos a certeza de que havíamos achado um modelo para referência. Transcrevo aqui as palavras dos participantes dessa visita no relatório final:

"— A Alcoa é um bom exemplo da experiência com células. Vamos usá-la como benchmark. Nós vamos chegar lá! Como?
— Definindo nosso próprio modelo de célula.
— Ajustando nossas práticas para sustentá-lo: capacitação, remuneração, liderança e comunicação.
— Preparando todo o processo de mudança de maneira planejada e com visão de futuro.
— Comunicando, comunicando, comunicando.
— Acreditando na viabilidade do modelo."

E o relatório terminava com o seguinte enunciado:

> **"É um longo caminho, mas devemos dar o primeiro passo. Mais do que conceitos, temos que partir para a prática efetiva."**

Descobrindo os novos caminhos

Para iniciar a caminhada, é preciso dar o primeiro passo. Caminhar só se aprende caminhando, e a trajetória aparece quando você começa a andar. Mudança se faz fazendo.

Se pretendíamos implantar um modelo de gestão baseado em equipes autônomas, que funcionassem dentro de um processo de trabalho participativo e colaborativo, deveríamos construir o modelo seguindo exatamente a mesma proposta. Pelo que tínhamos observado, nossa transformação abrangeria processos das áreas de produção, gestão, qualidade e recursos humanos. Então, pareceu-nos essencial a plena participação dos diretores das unidades industriais, nas quais seriam implantadas as células operacionais. Áreas que, por vezes, competiam em posições e ideias, por terem perspectivas diferentes, precisariam trabalhar juntas pela primeira vez, em busca de uma solução comum.

Para iniciar o projeto, definimos um grupo coordenador para ser o responsável por conduzir e acompanhar o desenvolvimento do projeto como um todo. A primeira tarefa do grupo foi conceituar e delimitar o escopo do projeto:

- Adotar um sistema de gestão com foco na ação do operador, a fim de que resulte na estabilização dos processos e no melhor desempenho e comprometimento das pessoas;
- A abrangência do projeto incluía os processos de produção das várias unidades industriais. Por isso, caberia aos gerentes das áreas a definição das células a serem criadas em seus processos.

E quais eram os conceitos básicos embutidos dentro do modelo proposto?

- **Foco no operador**: A valorização do operador e de suas tarefas. Ele é o núcleo da célula e é através dele que se agrega valor ao produto. Ele é responsável pelas ações e pelos resultados;

- **Célula:** A menor unidade de resultados, organizada dentro do processo industrial por atividades, produtos ou por equipamento. Em cada célula, as equipes eram responsáveis pelos resultados e atuavam autonomamente, obedecendo aos padrões estabelecidos, com metas previamente negociadas e produtos e clientes identificados. Elas controlavam os próprios resultados do trabalho;

- **Estabilização de processos**: A maneira de garantir o desempenho do operador através da prática dos padrões e, em caso de detectar uma falha, providenciar a correção do desvio. Eles precisavam assegurar a entrega do produto ao cliente interno ou externo com a qualidade exigida;

- **Resultados**: Produto/serviço executado conforme os padrões de qualidade, com melhor desempenho e comprometimento do operador (equipe satisfeita) para atender às necessidades do cliente (cliente satisfeito).

É importante ressaltar que um dos maiores ganhos desse sistema foi a visão integrada de que o resultado é plenamente satisfatório quando todos os atores do processo estão satisfeitos, incluindo aqui a igual importância da visão do cliente e da equipe.

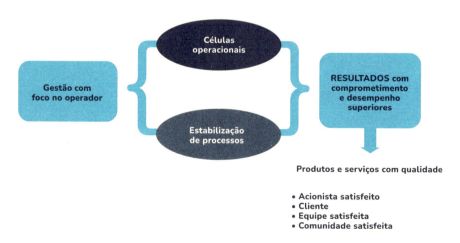

A partir das definições de conteúdo, forma e abrangência, pode-se começar a discutir e formatar os diagramas de fluxo e de funcionamento das frentes de implantação de células e de estabilização de processos. À medida que evoluíamos no desenho desses diagramas de fluxos e revíamos as várias experiências que nos inspiravam, surgiam as lacunas a serem preenchidas, seja na revisão dos conceitos vigentes; nas políticas e práticas de pessoal; ou nas práticas, atitudes e comportamentos da liderança. Era um mundo a ser repensado e recriado de acordo com a nossa nova visão.

Dentro de um debate aberto, foram escolhidos os dez temas prioritários e os respectivos grupos de trabalho a serem formados para tratá-los com representantes das áreas de produção, gestão, qualidade e recursos humanos. Para mim, isso significava incluí-los, de maneira efetiva, em todo o processo decisório – desde a formação dos grupos, passando pela análise e discussão dos temas definidos e as possíveis alternativas de solução, até, e principalmente, as decisões finais.

A ideia era que as soluções viessem dos próprios envolvidos no processo, dos responsáveis pelas futuras ações e seus resultados, pois é assim que se constrói o verdadeiro engajamento. Os temas incluíam: sistema de comunicação, gestão por times, treinamento em padrões, avaliação, remuneração e reconhecimento, capacitação dos processos, tratamento de anomalias, entre outros. Eles eram tratados nos grupos de trabalho para, posteriormente, serem apresentados ao grupo coordenador, com as conclusões e dúvidas para discussão e reorientação do tema. Quando se percebia que a proposta estava amadurecida, ela seguia para discussão final, formação de consenso e a aprovação.

Aprovadas as conclusões sobre o tema, os participantes dos grupos de trabalho, juntamente da equipe de recursos humanos, em um esforço de muitas mãos, criavam um produto cujo conteúdo era a materialização das conclusões, por meio da definição do processo e das ferramentas necessárias para seu uso. Assim nasceu o Sistema de Comunicação com Empregados, o Programa Metas – Remuneração por Resultados, o Treinamento de Padrões em 1 Ponto e tantos outros projetos. Os conceitos e as ideias eram transformados em produtos concretos, permitindo aos seus coautores se apropriar da criação para seu uso junto às equipes.

Depois que todos os produtos se encontravam prontos e aprovados, foram transformados pela equipe de recursos humanos em manuais, vídeos e *charts* com grande qualidade metodológica e visual. Assim, os líderes poderiam encontrar os instrumentos e todas as orientações necessárias para a implantação dessas soluções junto à equipe. Impossível escolher intérpretes melhores do que os próprios criadores. Tínhamos atores transformados em coautores, e coautores transformados em atores.

Para deixar bastante tangível essa experiência, apresento o fluxo aproximado da operação:

- Dois meses/semanas para imersão nos processos e seleção de temas;
- Um mês para validação dos temas;
- Três meses para mapeamento e desenvolvimento dos produtos e das soluções;
- Três meses para implantação e ajustes.

Depois de seis meses de busca, análises, debates e elaboração, chegamos à fase mais crucial para o sucesso de qualquer projeto: a implantação, quando começa de verdade. Era um projeto que envolvia várias unidades industriais distribuídas por todo país, do Norte ao Sul.

Após longas discussões e um planejamento detalhado sobre o processo de comunicação e de implantação, definimos que iríamos implantar em todas as unidades no mesmo dia. Teríamos nosso "Dia G" – G de Gerdau, imitando o "Dia D de Dunquerque"[13].

Três dias antes do Dia G, os pacotes com todo o material instrucional foram encaminhados para as unidades, e a equipe de recursos humanos se disponibilizou para apoiar a preparação dos líderes para o total sucesso do lançamento.

O Big Bang

Sempre associei o Dia G ao Big Bang. Pode parecer desproporcional essa comparação, mas significou uma grande explosão na Gerdau, capaz de criar um outro universo com a liberação de uma nova energia. O ambiente de trabalho se transformou, com profunda alteração na organização e na estrutura, com a reestruturação dos papéis e responsabilidades e com novas formas de relacionamento e funcionamento. Deixamos para trás uma administração tayloriana, com o trabalho segmentado, muitos níveis hierárquicos e aquela ideia de liberdade vigiada. Foi um dia definitivamente transformador na vida de todos os envolvidos.

Com autonomia sobre a rotina e autocontrole sobre os resultados, a equipe passou a trabalhar com metas previamente negociadas e com produtos e clientes definidos. Além das tarefas operacionais, novas funções referentes à qualidade, manutenção, administração, disciplina e segurança foram assumidas, buscando a multifuncionalidade de cada talento.

Como facilitadores, técnicos ou agentes de operação, as funções eram distribuídas da seguinte forma:

---

[13] Uma das retiradas militares mais emblemáticas, ocorrida em 1940 durante a Segunda Guerra Mundial.

UMA JORNADA TRANSFORMADORA

A lógica é
<u>simples:</u>
**capacitar
para dar
autonomia.**

- **Gerente da área** liderava a mudança e era quem acompanhava a célula em todo o processo: negociava metas, termos de controle e recursos necessários para o melhor desempenho. Era responsável por definir as funções, responsabilidades e os limites de ação das células. A ele cabia incentivar a autonomia da célula, supri-la com as informações necessárias e reforçar positivamente seus resultados. Era o grande mentor e orientador dos facilitadores;
- **Facilitador** apoiava o processo de mudança e oferecia suporte para que os operadores fossem capacitados a obter autonomia. Liderava o processo de padronização, treinava os operadores e acompanhava o cumprimento dos padrões. Era responsável por conduzir as melhorias e tratar os desvios. Mas tudo isso sem exercer autoridade hierárquica sobre os operadores: sua autoridade provinha da contribuição técnica ou operacional que oferecia à célula;
- **Operador líder** era um papel rotativo (o líder mudava a cada tempo determinado) e escolhido pela equipe para apoiar o funcionamento da célula e ser o interlocutor direto com o facilitador nas mais diversas necessidades. Durante o período em que desempenhava essa função, acompanhava a padronização operacional e colaborava com o treinamento dos operadores, sobre os quais não tinha autoridade, mas uma relação de parceria devido à maturidade e experiência;
- **Operador** era o responsável pela operação e pela manutenção básica. Ajudava a elaborar, cumprir e corrigir os padrões acordados.

Nesse dia, foram imploridos os velhos conceitos de comando e controle. Os cargos de supervisão foram eliminados e o autocontrole passou a existir pelos próprios operadores, por meio da prática dos padrões operacionais, das verificações feitas e da metodologia de gestão, dentro do processo de estabilização do projeto. Sendo a equipe autônoma, seus membros foram capacitados para ter domínio dos processos em que atuavam e para tomar decisões com qualidade e rapidez. Deu-se o Big Bang e, dele, fez-se a luz.

Depois do grande dia

Realizamos a implantação simultânea de uma estrutura baseada em equipes autogeridas, constituindo unidades de resultados com foco na satisfação de seus clientes em todas as áreas operacionais das várias unidades industriais da Gerdau no Brasil. Fazer isso, porém, teve como grande desafio, além da implantação em si, a avaliação objetiva de seus resultados.

Dentro de uma cultura orientada para resultados, era de se esperar que o grupo coordenador responsável por conduzir o andamento do projeto tivesse esse desafio como uma de suas prioridades. Além da dimensão e abrangência do projeto, a complexidade de avaliar os resultados aumentava ainda mais diante da distribuição das unidades industriais pelas várias regiões do país, com processos e produtos diversos, somada às características locais da operação. Os primeiros meses foram de ajustes e correção de rumo e de alinhamentos diversos da equipe, avaliando inclusive situações nas quais algumas pessoas não conseguiam se adaptar à nova organização. Não se podia esperar resultados a curto prazo, menos ainda pensar em medi-los, pois seria uma decisão muito precipitada e que poderia distorcer o potencial da revolução que estávamos fazendo.

De início, nas reuniões quinzenais de acompanhamento, a partir dos depoimentos dos representantes das unidades industriais, já era possível ter uma avaliação geral de reação bastante positiva das equipes frente ao modelo e seu funcionamento, que evoluía à medida que elas se sentiam capacitadas para suas novas funções. Gradativamente, os times percebiam concretamente a autonomia da qual estavam se apoderando.

Tudo isso aconteceu por meio de ciclos de aprendizagem e revitalização periódica para que a rotina e a força da cultura que prevaleceram por décadas não engolissem essa transformação. Essas ações de manutenção nos permitiam ver possíveis ruídos de comunicação, excesso de ferramentas e sistemas que estivessem sobrecarregando a atuação dos novos papéis, entre outros problemas.

O que quero reforçar aqui é que, quando vamos para a prática, são esses rituais e a disposição de fazer correções imediatas que asseguram o avanço que a organização está buscando. Sustentar a mudança era um compromisso fundamental. E esse alinhamento interno permitiu que, com o avanço das ações, os líderes começassem a relatar o nível crescente de interesse e a participação de toda a equipe nos programas de treinamento, bem como o entusiasmo na discussão dos problemas e na busca pelas soluções, fornecendo o claro indício do crescimento do nível de comprometimento e do empenho por melhores resultados.

Já no segundo mês após a implantação, começaram a surgir resultados mais palpáveis que mostraram uma evolução positiva nos vários indicadores de pessoal, tais como os índices de absentismo, rotatividade, segurança do trabalho, entre outros. Sabíamos que o domínio de processo e tratamento de falhas eram fatores-chave de sucesso para a autonomia. Além da capacitação técnica, também nos focamos na capacitação para trabalho em equipe, pois a entendemos como uma habilidade fundamental para que a estrutura em grupo funcione satisfatoriamente.

Os primeiros sinais positivos na estabilização de processos começaram aparecer com a capacitação dos operadores a partir dos padrões operacionais dos processos críticos e também através dos tratamentos de falhas que geravam a correção do padrão existente, resultando em um novo treinamento expedito e focado na correção do desvio em um fluxo que se autorregulava constantemente. Parecia que estávamos no caminho certo e que todos entendiam e apoiavam esse novo jeito de trabalhar.

Colhendo os resultados

> "Sabemos há mais de meio século que *times autogeridos são muito mais produtivos do que qualquer outra forma de organização*. Isso tem uma clara correlação entre participação e produtividade; de fato, *os ganhos em produtividade em ambientes de verdadeiro trabalho autogerenciável são no mínimo 35% superiores* quando comparados a organizações geridas tradicionalmente."
>
> — MARGARET WHEATLEY EM "GOODBYE, COMMAND AND CONTROL", *LEADER TO LEADER*, JULHO DE 1997.

A evolução nos índices operacionais se apresentou gradativamente e era resultado claro da capacitação técnica e metodológica dos operadores, do reposicionamento de seus papéis, do tratamento correto das falhas. Tudo isso levou à estabilização dos processos. A evolução era fruto do melhor desempenho e do maior comprometimento dos operadores ao assumirem seu novo papel dentro do novo ambiente de gestão e liderança.

Ancorado na afirmação de Margaret Wheatley, sempre tive certeza de que poderíamos alcançar esse ganho mínimo de 35%. A título de ilustrar o impacto positivo do novo modelo nos índices operacionais, fui buscar o exemplo de uma unidade industrial, preservando sua identificação por questão de sigilo industrial.

Partindo do ano de 1995, quando foi implantado o projeto Gestão com Foco no Operador, analisei o desempenho das duas principais áreas de produção dessa unidade nos três anos subsequentes: aciaria, unidade composta de fornos elétricos, responsável pela transformação da sucata ou do minério de ferro em diferentes tipos de aço, entregues em forma de lingotes; e laminação, unidade composta de conjuntos de cilindros com ranhuras de várias dimensões, responsável pela redução dos lingotes de aço em produtos finais ou intermediários para entrega ao mercado.

Essa nova maneira de gerir trouxe grandes impactos já nos três primeiros anos. Em termos de queda no indicador de perdas, aciaria melhorou seu desempenho em 53,26%, enquanto laminação, 47%. A aciaria reduziu em 11,41% o consumo de energia elétrica, e a laminação teve 52% menos interrupções de sua operação no período. Esses números reforçam como está, na condução da liderança, o grande potencial para resultados que serão expressivos em todas as esferas do negócio.

Nessa unidade industrial, não houve nenhum investimento adicional nos processos ou nos equipamentos, mas o investimento em tempo, dedicação e engajamento dos principais líderes com a estabilização dos processos, a preparação do ambiente e a capacitação das equipes para a implantação das células operacionais.

A evolução mais surpreendente, entretanto, aconteceu em outro campo. Anualmente, realizamos a pesquisa de opinião envolvendo toda a população de colaboradores, que tinha como objetivos:

- Entender e avaliar o clima organizacional;
- Medir o nível de engajamento dos colaboradores;
- Identificar os fatores a serem aperfeiçoados.

Na pesquisa, eram avaliados os seguintes fatores:

- Clareza e alinhamento estratégico;
- Cultura organizacional;
- Gestão de desempenho;

- Capacitação e desenvolvimento;
- Carreira;
- Remuneração e benefícios;
- Reconhecimento;
- Gestão e liderança;
- Trabalho em equipe;
- Comunicação;
- Segurança do trabalho;
- Motivação e engajamento;
- Qualidade de vida;
- Credibilidade da pesquisa.

Após a tabulação dos resultados, eram identificados os cinco fatores com melhor desempenho e os cinco com pior desempenho por área e unidade. Após as análises, eram traçados planos de ação para correção das possíveis causas dos problemas. Todos os resultados, positivos e negativos, eram comunicados por área, fornecendo uma resposta objetiva às possíveis causas de insatisfação.

Os índices mais esperados da tabulação pela empresa e pelas áreas eram:

1. **Índice de participação:** Percentual do total de colaboradores que tinham participado espontaneamente da pesquisa. Por meio dele é possível avaliar o nível de credibilidade obtido pela pesquisa;
2. **Índice de satisfação geral:** O resultado de todas as respostas positivas dadas pelo colaborador para uma única questão, no fim do questionário, sobre sua satisfação geral quanto ao próprio trabalho e à relação pessoal com a empresa;

3. **Índice de favorabilidade:** Soma de todas as respostas positivas nos diversos fatores avaliados, servindo para indicar quanto o colaborador se identificava com os valores; como avaliava os líderes e sua forma de conduzir pessoas e equipes; como valorizava as políticas e práticas na gestão de pessoas, entre elas aquelas de remuneração e benefícios e aquelas relativas ao seu desenvolvimento e de carreira; e, por fim, como se sentia adaptado, feliz e realizado no ambiente do trabalho. É o resumo do nível de adesão à cultura, de engajamento e de felicidade dos colaboradores e, não por simples acaso, de maneira metafórica, eu o chamava de Índice Geral de Felicidade (IGF).

Observando o gráfico a seguir, pode-se constatar a evolução surpreendente nesses três índices após a implantação do GFO, que foram gradativamente se solidificando por meio de um crescimento contínuo e consistente dentro dos dez anos seguintes.

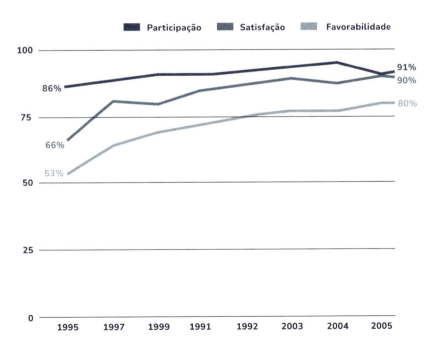

UMA JORNADA TRANSFORMADORA 165

A evolução contínua e crescente desses três índices durante dez anos serviu para nos indicar que estávamos no caminho certo. Era possível concluir que os resultados obtidos nesses indicadores estavam avaliando as novas premissas de gestão e liderança que tínhamos discutido longamente e que serviram para alinhar nossas decisões durante o desenvolvimento e implantação do projeto GFO.

Ficava evidente, também, que os ajustes e revisões das políticas e práticas de gestão de pessoas e da condução da liderança, juntamente à reconceituação da estrutura, eram os principais geradores dos resultados positivos nos indicadores dos níveis de satisfação, motivação e engajamento dos colaboradores.

Dando voz aos coautores da obra

Essa riquíssima experiência de transformação que ajudamos a conduzir na Gerdau, a partir da perspectiva da pessoa sobre si e de seu propósito, nos obrigou a dar adeus aos velhos paradigmas e nos levou a desenvolver e a estabelecer outros novos, que foram essenciais para implementar esse processo de mudanças.

Para que a visão sobre a jornada não fosse apenas minha, ouvi alguns dos principais líderes que participaram efetivamente do planejamento, desenvolvimento e implantação do GFO, sendo, portanto, seus principais coautores. Trago aqui, sem nenhum corte, os depoimentos espontâneos dessas pessoas sobre temas que, segundo elas, foram significativos para a transformação da Gerdau como organização, e delas próprias enquanto líderes.

Respeito absoluto pela pessoa

"Quando há o conceito filosófico do respeito absoluto pela pessoa, temos condições de cultivar uma relação de contrato de vida, de trabalho, de construção, para buscar o propósito, o ideal, a excelência.

Para isso, é necessário que exista liberdade, que só pode acontecer quando está presente essa relação humana de respeito, de igualdade. Na realidade, ao se procurar construir essa liberdade, são trabalhados muito mais os valores humanos, que levam à potencialização máxima do sujeito – e a consequência disso se manifesta também no processo econômico e nos resultados, bem como na realização dos indivíduos."

JORGE GERDAU JOHANNPETER,
CEO e presidente do conselho da Gerdau

Confiança no potencial humano

"Gestão com Foco no Operador (GFO), como o próprio nome diz, foi nosso voto de confiança no potencial dos operadores para assumirem bem mais responsabilidades. Sentíamos que a maneira como conduzíamos as pessoas e os processos, 'jogando' a responsabilidade pelo comando e controle dos resultados na supervisão, precisava ser revista. Decidimos inverter o foco. Nos demos conta de que o esforço operacional na importante estabilização dos processos poderia ser mais bem aprimorado, na medida em que oferecêssemos espaço e voz àqueles responsáveis pelos resultados (os operadores), transformando-os em atores principais.

Para isso, repensamos a estrutura, simplificando-a e trazendo o foco para o processo. Criamos as células operacionais, redefinimos o papel dos líderes – libertando-os de sua função de comando e controle e trocando-a pela nobre ação de capacitar e orientar –, e, principalmente, demos aos operadores autoridade para exercerem suas tarefas, com autonomia e autocontrole, tornando-os agentes ativos nas decisões sobre o próprio trabalho, processo e sobre a gestão das próprias células.

Desse nosso voto de confiança no potencial humano, resultou bem mais do que a melhora na estabilização dos processos com índices operacionais mais elevados. Nosso principal ganho foi, sem dúvida, o crescimento das pessoas nas diversas dimensões por meio das oportunidades oferecidas para o desenvolvimento do potencial de cada um, gerando-lhes maior satisfação e realização e trazendo, como recompensa, maior engajamento e maior comprometimento com a Gerdau."

KLAUS GERDAU JOHANNPETER,
vice-presidente industrial e conselheiro de administração da Gerdau

Autonomia

"Com a prática dos conceitos de Qualidade Total e com a implantação do GFO, passamos a envolver mais e mais os operadores em nosso negócio, dando-lhes a autonomia e a responsabilidade que antes não tinham. De meros cumpridores dos padrões operacionais, passaram a gerir suas células, buscando atingir as metas – devidamente desdobradas e alinhadas com os objetivos da organização. Os operadores passaram a ter plena autonomia. As pessoas passaram a entender melhor não só seu papel dentro do processo global mas, mais importante, passaram a entender melhor como poderiam contribuir para os resultados da empresa."

Liderança democrática

"O clima organizacional foi consequência da autonomia conquistada. Tivemos uma evolução muito positiva em todos os aspectos ligados ao ambiente das empresas. A liderança, em seu sentido mais amplo, mudou. De uma liderança autocrática, em que os subordinados não eram treinados para dar opinião e na qual o poder de decisão estava centralizado, passamos a praticar a liderança democrática, em que as pessoas, sob a autoridade de um líder, têm participação ativa no processo decisório."

PAULO FERNANDO BINS DE VASCONCELLOS,
vice-presidente executivo de aços especiais da Gerdau

Pessoas mais realizadas e mais comprometidas

"Como resultado da implantação do GFO, temos uma estrutura mais leve e ágil e equipes mais qualificadas e mais participativas, com mais autonomia e melhor visão do negócio, o que lhes permite orientar suas atividades para o objetivo da empresa. Com isso, ganhamos pessoas mais realizadas e mais comprometidas."

Liderança desenvolvedora

"A liderança mudou de um regime autocrático e centralizador para um perfil mais participativo, próxima às bases e agindo como grande apoiadora, desenvolvedora e alavancadora das carreiras dos componentes de suas equipes. O líder passou a atuar como mentor."

Satisfação e autoestima

"As equipes passaram de comandadas para a autogestão, bem como fazer a gestão dos processos e resultados. Com mais conhecimento da organização e seus objetivos, os times passaram a ser mais comprometidos, com elevados níveis de satisfação e autoestima, gerando um clima organizacional bastante positivo e amistoso."

DIRCEU TARCÍSIO TOGNI,
diretor industrial e de
engenharia da Gerdau

Mudança de atitude

"Como consequência da comunicação clara do novo estilo de gestão, feita nos moldes de capacitação vivencial em pequenas turmas de operadores, as expectativas de resultados foram superadas. Eles, operadores, acreditaram efetivamente em seu novo papel e nas responsabilidades de cada um dentro do time. Houve clara mudança de atitude e de comportamento, decorrente da consciência da nova missão de atuar buscando resultados. Despiram-se do status de 'comandados' e migraram para o de 'corresponsáveis' pelos resultados, imbuídos da autonomia para tomar decisões."

Confiança mútua

"A mudança descrita acima comunicou à equipe de operação um sentimento de 'autocrédito', mostrando que a liderança efetivamente confiava no time, o que aumentou a autoestima de todos. Sentiram-se empoderados e motivados para honrar a credencial recebida. Por exemplo, a autogestão na marcação do ponto na entrada e na saída – na verdade, a eliminação dela. A liberdade concedida com essa decisão trouxe um 'coproduto' muito maior que o fato, que foi o estabelecimento do pacto de confiança entre as partes, a sensação de responsabilidade de ter que honrar essa concessão."

Princípio da subsidiariedade

"A sala da GFO, o Centro de Informação (painel da GFO), a autonomia de gerenciar as metas no turno e os novos papéis mudaram completamente o ambiente de trabalho. O poder de 'decidir' no âmbito da célula reestruturou completamente o ambiente e o sistema de trabalho. Há o caso clássico, contado na Fábrica de Pregos, da carreta que chegou em Recife em um sábado, trazendo um produto transferido da Riograndense. Apesar de aos sábados não haver equipe de recebimento e de descarregamento, por alguma razão o veículo havia conseguido chegar ao depósito da fábrica, com o motorista gaúcho muito enfurecido com a situação. A equipe da fábrica, que percebeu o incômodo do motorista, após analisar que as metas de produção do turno estavam já praticamente batidas, renunciou a parte do tempo de almoço e, como time, decidiu descarregar e receber o produto no estoque. Foi uma decisão totalmente inimaginável em um ambiente de trabalho em que a responsabilidade deles fosse restrita a obedecer a ordens. O líder da célula conseguiu mobilização e participação de cada um, usufruindo de um novo patamar de excelência em *teamwork*. Assumiram uma decisão inédita que poderia ter consequências imprevisíveis na reação da liderança, mas o ambiente permitia esse nível de ousadia. Foi a prática objetiva do princípio da subsidiariedade."

CLÁUDIO HARUMI NISHIO,
gerente de desenvolvimento
da qualidade Gerdau

Autoridade para quem opera

"Ocorreu a alteração da estrutura e do funcionamento do trabalho, de uma estrutura tradicional para uma estrutura em times, como unidade de resultados, na qual quem opera passou a ser o centro da gestão. Foram definidas funções de rotina e melhoria, com clareza sobre os perfis de quem atuava diretamente com a operação e que exigia competências em gestão de pessoas, e de quem deveria focar em solução de problemas para melhorar os processos.

Houve uma simplificação geral da estrutura, incluindo até a eliminação de tarefas com baixo valor agregado. Essa transformação rompeu diretamente com a forma de trabalhar em que se acreditava em 'divisão de trabalho' como gerador de produtividade e eficiência. Deixei de ser 'o gerente pensa e o operador opera' para ser um sistema de gestão compartilhada, caracterizando uma cultura participativa e autônoma, orientada para quem 'opera'."

Mudança de mindset

"A transformação mais impactante foi no estilo de liderança. A transição de uma liderança autocrática com ênfase, quase exclusivamente, no transacional, 'comando e controle', para uma liderança transformacional, que privilegia a delegação e a gestão compartilhada, a atuação do líder como coaching, promovendo o desenvolvimento das pessoas. O pleno entendimento das lideranças sobre a necessidade de mudanças foi um dos maiores desafios na transformação cultural. A mudança no estilo de liderança representava uma perda de poder e de autoridade. A autonomia do operador parecia, para alguns, que esvaziaria o seu maior dom: o comando. O líder entender que seu papel seria o de estar orientando para o negócio, para atingir o resultado **com** as pessoas, cuidando delas e as gerenciando, foi uma grande mudança de *mindset*. Essa transformação foi muito abrangente. Mudou as pessoas, mudou a cabeça, mudou a maneira de fazer gestão e de liderar pessoas."

Significado de comprometimento

"Em um modelo de autogestão como o atual, as pessoas tornam-se muito exigentes, críticas e posicionadas – não só sobre o que e como fazer, mas sobretudo sobre o porquê fazer. Esse reposicionamento requer líderes que também tenham abertura e repertório coerentes com o novo operador. Isso tudo teve consequências boas e ruins. Mas o custo-benefício foi muito satisfatório. Na medida em que o operador passou a ser o 'dono' do seu processo; a tomar decisões; a estar devidamente capacitado para atuar no que era, de fato, crítico e que agregava valor ao resultado, o que ele executava passou a ter significado. Quando existe significado, existe comprometimento."

TEREZA ALVES,
gerente de desenvolvimento
organizacional da Gerdau-Açominas

Operador como protagonista

"A proposta era empoderar o operador. O nome Gestão com Foco no Operador era exatamente isto: deixar que a pessoa que melhor conhecia o equipamento, o processo, os padrões e a rotina tomasse decisões e propusesse melhorias. Para tanto, era preciso mudar o entendimento, o conceito da estrutura. Colocar o operador como protagonista, e as lideranças, em todos os seus níveis, como suporte, como apoio.

Essa era uma mudança muito radical e foi preciso emitir sinais que passassem a mensagem. Confiança era a palavra de ordem. Precisávamos que todos acreditassem que o operador não precisava ser controlado ou supervisionado. Que ele poderia tomar para si a responsabilidade, se comprometer e gerir o próprio trabalho. Muitas outras ações foram implementadas. O GFO mudou a organização, a estrutura e a forma de a Gerdau funcionar, impactando consistentemente os resultados."

Liderança para servir

"A Gerdau tinha uma liderança tradicional, com estruturas rígidas, e o líder possuía um papel de supervisionar, controlar os subordinados. O GFO mudou esse conceito, esse papel, e foi preciso que todos (líderes e liderados) reaprendessem a se relacionar funcionalmente.

O gerente, o supervisor e o chefe passaram a ser facilitadores. Eles têm a responsabilidade de garantir que o operador tenha todo o suporte, os recursos e a capacitação que necessita para fazer seu melhor.

Os facilitadores, ainda, suprem os liderados de informações, orientação e ajuda."

RH como apoio

"A gestão de pessoas saiu, definitivamente, das mãos do RH. Não era mais domínio do RH, mas do facilitador. Ele é quem passou a fazer a gestão das pessoas no dia a dia.

Cabia ao RH alcançar toda a ajuda, orientar, desenvolver e entregar ferramentas aos facilitadores. Então o RH também passou a ser um facilitador na gestão de pessoas. Foi um marco importante. A entrega foi o treinamento de implantação de células operacionais para os facilitadores, que era ministrado pelo próprio diretor da unidade. Alguns precisaram de várias horas de preparação, mas, quando estiveram à frente de suas equipes, mostraram-se instrutores brilhantes. Isso também foi uma mudança bastante grande."

HELGA BÜLOW,
gerente geral de pessoas da
Gerdau – América Latina

CAPÍTULO 8

A auto
verda

nomia
deira

Quando pensamos na mudança de um modelo tradicional de gestão para um modelo de autogestão, estamos falando de uma transformação profunda no modo de ser de uma organização e de como ela funciona. O velho organograma com vários níveis funcionais, com linhas definidas de autoridade e de responsabilidade, com definição de amplitude de controle, deixa de fazer sentido e deve ser deixado para trás. Para que o modelo proposto de autogestão funcione, é preciso criar uma estrutura de rede leve, fluida e adaptável.

A função de comando e controle da supervisão deixa de existir. Inverte-se a posição de comandar para a posição de servir. Ou seja, no novo formato, todos os operadores se tornam autossuficientes técnica e metodologicamente para exercerem sua autonomia. E, como líder, seu maior poder agora não vem mais da posição hierárquica, mas de sua capacidade de empoderar as pessoas e as equipes, a fim de que elas exerçam seu pleno potencial a partir do conhecimento transmitido. É a delegação inversa. O poder do líder advém da demanda de seus liderados para contribuir em suas dificuldades e em seu desenvolvimento.

Sabíamos de antemão que essa mudança na visão sobre o poder dentro da organização seria o que geraria mais resistência, muito choro e ranger de dentes. O insucesso na aceitação desse ponto da mudança seria decretar o fracasso do projeto. O caminho para que isso não acontecesse foi o da verdade, da transparência. Com coconstrução, diálogo aberto e franco para que pudéssemos debater as dificuldades a serem enfrentadas pelos líderes e pelas equipes.

Esse é um caminho que só pode ser trilhado se a organização estiver disposta a atender três pressupostos básicos:

- **Autonomia**: Liberdade para cada pessoa executar sua atividade do seu jeito, com os próprios meios e sem qualquer interferência de outrem nem de um superior;
- **Vínculo**: Necessidade de ter vínculos, relacionamentos que deem um significado maior à atividade, um propósito, que possa gerar pertencimento;
- **Competência**: Capacidade de se sentir útil e em condições de executar a atividade, reconhecendo valor em si mesmo por isso.

Estranhamente, a função da liderança não é conduzir, porque ela deixou de ter comandados, mas criar condições para que cada um dos liderados possa comandar a si mesmo e somar ao esforço coletivo em busca do propósito comum.

Mas somente a redefinição da estrutura não leva à autonomia. A autonomia para o exercício de uma função acontece em proporção à capacidade de exercê-la sem dependência de outra pessoa.

Quando se fala em capacitação e desenvolvimento, estamos nos referindo muito além de programas de treinamento de habilidades, de preparação técnica ou de instrumentação metodológica. Estamos falando de elaborar os meios para que essa nova relação possa acontecer. Especialmente porque nem sempre as pessoas estão prontas para ter liberdade e para exercê-la. Ser livre exige muita responsabilidade, e uma mudança cultural não é algo simples.

Nesse processo, as perguntas são uma ferramenta poderosa. Quando estiver diante de um empecilho ou dúvida trazidos pelo colaborador, inverta a dinâmica e realize o exercício de questioná-lo sobre como ele resolveria determinada situação, pois isso abre portas para visões únicas e dá voz para a equipe.

Método infalível para o desenvolvimento do potencial máximo dos indivíduos e das equipes que vi praticado em toda minha vida profissional é o da proposição de desafios crescentes, através de oportunidades de crescimento. Isso reforça cada degrau conquistado e oferece as melhores condições para a aprendizagem necessária em um ambiente no qual não há medo de errar, pois o erro é visto como o caminho para a perfeição. É imprescindível dar liberdade para aprender e para errar, para de novo aprender.

Esses métodos me remetem a um aforismo de Paulo Freire:

> "Ensinar não é transferir conhecimento, mas criar as possibilidades para a sua própria produção ou a sua construção."

Nada poderia ser mais consistente com o conceito de autodeterminação e de autogestão. Ser e existir como sujeito único só tem sentido quando essa exclusividade não significa individualismo, mas subjetividade, singularidade, valor que se soma ao coletivo, que se junta à pluralidade. Significa valorizar e realizar o alcance dos objetivos propostos para atingir o propósito comum. A partir daí, pode haver o pertencimento, com reconhecimento da parte na composição do todo; confundindo-se com o todo, mas sem perder a própria identidade. Estamos buscando indivíduos fortes para gerar equipes fortes com resultados fortes.

Ter a subsidiariedade como regra da ação

O princípio da subsidiariedade reforça os princípios de liberdade, respeito absoluto ao indivíduo, à sua autonomia e ao seu protagonismo como autor das ações e dos resultados. Esse conceito foi apropriado para a administração por Charles Handy, da doutrina social da Igreja Católica, que o transformou em um princípio moral. Ele surge formalmente em 1941 na encíclica "Quadragesimo Anno" do Papa Pio XI em continuidade a princípios anteriores trazidos por Leão XIII através da encíclica "Rerum Novarum" de 1901.

A essência desse princípio se expressa em uma frase muito simples:

> **"É uma injustiça, um mal grave e uma perturbação da ordem que uma organização grande e mais elevada se dê ao direito de ter funções que podem ser executadas com eficiência por entidades menores e inferiores."**

Ou seja, um organismo superior não deve assumir responsabilidades que podem ser exercidas por um organismo subordinado. Traduzindo: é um grande erro roubar a responsabilidade de alguém que pode exercê-la plenamente sem depender de outrem.

A **autonomia** para o exercício de uma função acontece em proporção à capacidade de exercê-la sem dependência de outra pessoa.

Quando se fala em subsidiariedade, é comum associá-la ao conceito de empoderamento. Entre os dois conceitos, porém, há uma diferença significativa. Enquanto empoderar significa que alguém do nível superior está delegando autoridade para o nível inferior, na subsidiariedade o poder está com os sujeitos da ação, aqueles que fazem a entrega e obtêm o resultado que, em uma dinâmica inversa, podem concedê-lo ao nível superior. É a pirâmide invertida, na qual quem está em cima está a serviço de quem está embaixo.

Assim, cabe aos níveis superiores orquestrar a visão estratégica, desenvolver a infraestrutura administrativa e organizacional, cuidar da cultura como o elemento aglutinador das partes, estabelecer os padrões de ação pelo sistema de gestão e definir, dentro de um processo negociado, as metas para atingir os objetivos e acompanhar os resultados gerais. Aos níveis que ficam abaixo, organizados em equipes autogeridas, cabe-lhes participar das decisões maiores quando solicitados e se posicionar frente às suas responsabilidades e às situações que se apresentam, com liberdade e autonomia, o que for necessário para o bom funcionamento dos processos pelos quais são responsáveis.

Construir esse tipo de relação exige confiança mútua, pois as organizações baseadas na subsidiariedade estão cheias de ambiguidade, discussões e conflitos. Os conflitos, quando resolvidos por meio de processo produtivo, por sua vez, geram crescimento ao exigir respostas e comprometimento de todos. Ao analisar e trabalhar o conflito, as partes se responsabilizam pelas soluções articuladas pelo grupo e as colocam em prática.

Espera-se, de fato, que as interações entre pessoas que confiam umas nas outras, e estão vinculadas por um único propósito comum, resultem na melhor solução para o conjunto.

Em um ambiente de questionamento, aprendizagem e crescimento para o líder e para os liderados, a resiliência deve ser exercitada continuamente, de modo que não se limite à adaptação, que é uma das etapas do processo, mas que se transforme no trampolim para a superação e a articulação de novas ações. Estamos falando de um ambiente onde alternativas substituem planos; o possível aparece no lugar do perfeito, e o envolvimento acontece em vez da obediência. É um novo mundo no qual a negociação se constrói a partir da colaboração autêntica entre as partes, pelo atingimento dos objetivos comuns compartilhados.

Subsidiariedade pressupõe, essencialmente, liberdade, autonomia, auto-organização, autocontrole e autodeterminação – que sugerem, de imediato, uma estrutura mínima, enxuta e flexível, sem níveis intermediários, e na qual equipes autogeridas flutuem ao redor dos processos. São equipes suficientemente pequenas para que seus membros se conheçam e confiem mutuamente uns nos outros, o suficiente para atender às demandas em busca do perfeito funcionamento.

Estabelecer a relação ganha-ganha

De um lado, quais são os interesses da organização? De maneira concreta, o grande intuito da empresa é obter comprometimento pleno e desempenho superior dos líderes e das equipes, que vão resultar em satisfação do cliente, retorno do investimento e crescimento do negócio. Por outro lado, quais são os interesses dos colaboradores? São necessidades, desejos e aspirações – muito além da velha escala de Maslow – que, quando atendidos, podem resultar em muito além de bons salários e incentivos para as pessoas.

Quando nos referimos ao alinhamento de interesses, estamos falando de um ambiente motivador no qual os líderes, ao utilizar os processos de gestão de pessoas, busquem atender às necessidades individuais e coletivas nos diversos níveis; identificar e reconhecer o potencial de cada pessoa; criar oportunidades para desenvolvimento do time; e gerir as expectativas de realização como forma de motivação extrínseca.

A essência dessa perspectiva de trabalho é a relação contratual entre a organização e o indivíduo, em uma dimensão plena que considera o indivíduo um ser integrado, potente e desejante. Considera-o um profissional que se identifica através de responsabilidades individuais definidas e que tem autoridade para exercê-las dentro de uma equipe que, pelo princípio da subsidiariedade, é também autônoma – capaz, portanto, de apoiar e ajudar complementarmente a realização plena de cada um no trabalho, sem depender necessariamente dos níveis superiores.

Trata-se de colocá-los em um nível de relação que, além de grau elevado de autonomia, tenha também muita autoestima. Assim o trabalho será desenvolvido com outro nível de competência, pelas oportunidades de desenvolvimento e crescimento, com forte identidade com a organização e, enfim, com maior sucesso na carreira dentro de uma nova dimensão, que se pode traduzir em maior realização pessoal e profissional. É a contrapartida que a empresa oferece em troca do desempenho e do comprometimento do colaborador. O alinhamento dos interesses e das aspirações é um processo interdependente de criação mútua de valor.

Esse processo tem como pedra angular tornar cada colaborador capaz e potente para aderir e sentir-se pertencente aos objetivos maiores da organização, de tal maneira que a estratégia – traduzida na missão, na visão, nos valores e nos objetivos estratégicos – torne-se um projeto compartilhado. Isso acontece por meio de sistemas estruturados com foco na comunicação, mas principalmente pelo processo de construção participativa dos objetivos e da negociação individual e coletiva das metas, fazendo com que todos se tornem sócios do mesmo sonho.

O alinhamento dos **interesses** e das **aspirações** é um processo **interdependente** de criação mútua de valor.

O quadro abaixo ilustra bem o que apresento aqui:

CONVERGÊNCIA

Do que a empresa precisa	Do que os colaboradores precisam
✓ Pessoas talentosas que queiram aprender e dar o seu melhor ✓ Adesão aos valores e ao modelo de gestão ✓ Colaboradores que conheçam as metas e estejam dedicados a alcançá-las ✓ Integridade irrepreensível ✓ Parceiros comprometidos com o crescimento da empresa ✓ Pessoas inovadoras e corajosas	✓ Trabalho que os inspire a alcançar seu melhor e a crescer ✓ Autonomia, autoria e protagonismo Confiança, justiça e respeito ✓ Reconhecimento e valorização do seu trabalho ✓ Associação com uma grande organização e com uma causa ✓ Liderança e direção ✓ Ambiente e clima de trabalho que os acolham
Para ser uma organização de alto nível de desempenho	Para apresentar alto nível de comprometimento

Então, cabe à liderança a responsabilidade de promover ações que atendam às aspirações e aos interesses dos indivíduos e dos objetivos da organização para chegarem ao ponto de convergência e de troca mútua, servindo sempre como elemento de intermediação e de vínculo. Para que isso aconteça, o líder deve ter a capacidade de criar, entre as partes, uma relação ganha-ganha, na qual ambos se desenvolvem, crescem e se solidificam.

Essa relação me remete ao conceito do contrato chinês, em que um bom acordo vale por si, pois ambas as partes se afastam, sorrindo, e ficam felizes por ver que a outra também sorri. Ou seja, significa que o acordo foi bom para os dois lados.

O principal diferencial desse "contrato" deve ser a qualidade e intensidade da relação, a clareza e a consciência dela e o comprometimento mútuo na definição do rumo e do propósito da caminhada. É preciso agir em proximidade com cada um dos liderados, em uma relação direta que deve ser cuidada pessoalmente.

O nível de adesão e engajamento da equipe é proporcional ao nível de atendimento de seus interesses, gerando o próprio senso de realização. Realização gera adesão, que gera o engajamento desejado. O engajamento das pessoas também gera o engajamento da organização, e vice-versa. Esse é o lado prático da liderança na relação ganha-ganha: da relação nascem o desempenho e o resultado. É um processo de transformação de uma relação "eu-eles" para uma relação biunívoca "eu-nós".

Comunicar-se para dar potência

Fiz questão de usar o termo *comunicar-se* porque o pronome reflexivo se traz o significado de duas vias quando tratamos de comunicação nas organizações – e não a visão hierárquica, de cima para baixo, que representa uma forma velada de comando.

Comunicar-se começa essencialmente por escutar o outro. Entretanto, não existe maneira mais potente de escutá-lo do que ao se colocar em seu lugar para ver a situação a partir da perspectiva dele. É o esforço na busca do exercício real da empatia verdadeira.

Dar potência significa dar poder ao outro, tornar potente, para reforçar as relações. No modelo de autogestão, é através da comunicação que ocorre a distribuição do poder em ambos os sentidos. Ela informa, reforça, corrige, orienta e celebra. Sem ela, o modelo está morto, sem vida, enrijecido. Ela se torna o sistema nervoso central que faz as sinapses entre todos os pontos de contato e de mobilização. Ela conecta todas as partes. A grande aprendizagem desse trecho é que a comunicação tem a função principal de dar espaço e voz para o pleno exercício da liberdade e para gerar confiança entre todos. Ela, mais do que de palavras, deve ser feita de exemplos. O líder comunica-se para comprometer e comprometer-se, para reconhecer e reforçar os resultados, e para celebrar as conquistas.

Mais do que distribuir e receber informação, a comunicação serve para compartilhar autoridade e poder. Compartilhar no sentido de partilhar o que se tem e arcar, em parceria, com as consequências e os resultados. Dentro da prática da subsidiariedade, isso acontece continuamente nos dois sentidos. Por meio dela se dá a direção e se recebe o feedback, se nivela e se compartilha o conhecimento pela experiência individual e coletiva.

Apostar no potencial humano sem limites

Somente é possível pensar em um ambiente de insatisfação permanente com os resultados – ou seja, em uma cultura que busca sempre o desempenho superior, melhor do que ontem, melhor do que as metas e melhor do que o concorrente – se forem atendidas três condições:

- Crença na capacidade do indivíduo de se superar contínua e progressivamente, acreditando no potencial humano sem limites;
- Líderes que expressem essa confiança através da criação constante de desafios, inspirando os colaboradores com otimismo e entusiasmo e oferecendo apoio diante das dificuldades;
- Existência de um ambiente de cultura favorável ao crescimento e ao desenvolvimento pessoal.

Talvez a última condição seja a mais importante. Quando falo de cultura nesse contexto, associo-a ao sentido biológico de cultura, ou seja, um habitat para desenvolvimento, um ambiente biológico, um caldo no qual as pessoas podem desabrochar e crescer na mesmo proporção e velocidade em que o ambiente se transforma.

Sou também fiel adepto do conceito de profecia autorrealizável. A crença e a expectativa que se tem sobre alguém pode determinar seu comportamento e concretizar a previsão. Ou seja, a percepção da organização e da liderança sobre as pessoas pode, ao se tornar crença também para elas, definir comportamentos e resultados. Isso funciona tanto no sentido positivo quanto no negativo, infelizmente. Eu sempre investi em acreditar no potencial humano infinito (e nunca me arrependi).

Quando se trabalha em equipes autogeridas, o próprio time pode impulsionar o potencial dos indivíduos na medida em que as fortalezas de uns podem complementar as fraquezas de outros. São os desafios criados e as devidas condições para sua realização que testam os limites. A autoconsciência e a autoconfiança se alimentam dos resultados dos desafios, criando patamares progressivos de competência.

O ambiente define o potencial de crescimento das pessoas. Se existe um ambiente libertário, pode-se pensar em potencialização do indivíduo, em comprometimento elevado, em desempenho superior. Quando se tem um ambiente autoritário, rígido, não se pode utilizar o melhor do potencial humano. Liberdade e autogestão são fatores críticos para o autodesenvolvimento e para o crescimento.

Mensagem final
Liberdade para alcançar o infinito

Comecei este livro falando sobre liberdade, sobre buscar um modelo de organização que tire os líderes e as equipes das prisões. É com liberdade que quero caminhar com você neste último capítulo, para iniciarmos uma nova jornada. Como disse no início da obra, acredite na possibilidade do milagre. Inovar é criar um lugar onde ninguém chegou antes. Nesse processo, não é preciso ter certezas. Esqueça-se das próprias certezas e verdades. Permita-se experimentar possibilidades.

Quando se fala em autogestão, autodeterminação e autonomia, estamos discutindo essencialmente o exercício pleno da liberdade pelo sujeito da ação. A palavra *liberdade* contém a essência do conceito da dignidade humana e tem o poder de inspirar e unir como nenhuma outra.

Quando estive em Washington, D.C. pela primeira vez, em 1980, percorri os vários monumentos em homenagem aos pais fundadores dos Estados Unidos e me impressionei com as várias citações da Declaração da Independência Americana de 1776. A que mais me tocou foi a que está localizada no monumento dedicado a Thomas Jefferson:

> "Consideramos estas verdades como evidentes por si mesmas: que todos os homens são criados iguais, dotados pelo Criador de certos direitos inalienáveis, que entre eles estão a vida, a liberdade e a procura da felicidade."

Já se passaram dois séculos e meio e essas palavras continuam como boas intenções para grande parte dos americanos.

Pesquisando conteúdos para este livro, encontrei o autor Raoul Martinez, com quem imediatamente me identifiquei. Em seu livro *Creating Freedom* [Criando liberdade] (Canongate, 2017), ele não só reforça as minhas conclusões como faz provocações profundas sobre os mitos em torno de nossa sociedade e o que significa ser livre. No último parágrafo do livro, como uma proposta de esperança na humanidade, ele sensibiliza o leitor com um apelo que me pareceu absolutamente adequado para este momento (em tradução livre):

> "Todo ser humano inevitavelmente passa por sofrimentos, perde entes amados e, algum dia, morre. A vida é rara, delicada e curta. Dito isso, por que nós não podemos nos juntar para fazer o que está ao nosso alcance, pelo curto espaço de tempo em que temos ar em nossos pulmões e força em nosso corpo, para transformar este mundo em um lugar de alegria e de admiração para aqueles que passam por ele – um lugar onde todos podem florescer, contribuir e criar? Afinal, é somente através da criação daquilo que nós realmente valorizamos que podemos encontrar a expressão mais plena de nossa liberdade. E o que poderia ser mais valioso do que isso?"

Liberdade significa emancipação para exercer a autoria, para florescer, contribuir e criar. Ou seja, o sujeito só começa a existir de maneira integral como um ser livre quando pode exercer seu poder criativo, quando lhe é dada liberdade, que se manifesta na autonomia, na possibilidade de criar, na autoria.

Para que o processo de libertação aconteça, são necessários três importantes condicionantes.

- Confiança na plena capacidade do elemento humano de se autorregular, de ser potente, de ser capaz de se auto-organizar internamente e de responder adequadamente ao meio externo dentro da dimensão que lhe é demandada;

- Coragem para mudar a orientação do comando e controle. Esquecer-se da estrutura de poder que a liderança representa, na qual se valoriza mais os que melhor seguem ordens, para um ambiente que dê espaço para a participação, para as dúvidas e para o questionamento, gerando contribuição de melhor qualidade;
- Ousadia para criar uma estrutura que reforce a autonomia e a auto-organização dos indivíduos dentro das equipes, em ambientes psicologicamente seguros, e que possibilite às pessoas confiarem em si e confiarem umas nas outras, tendo cada indivíduo como a base do todo, resultando na prática efetiva da autogestão.

A partir daí o líder se liberta e consegue libertar os seus liderados, por confiar neles e dar-lhes autoridade para exercerem sua autonomia. Libertar é confiar no outro, enxergá-lo como valioso e digno de respeito. É um processo de libertação mútua. Parafraseando Paulo Freire:

> "Ninguém liberta ninguém, ninguém se liberta sozinho, as pessoas se libertam em comunhão."

Com relação a esse conceito, não resisto a citar Nelson Mandela:

> "Não sou verdadeiramente livre se estou tirando a liberdade de outra pessoa, assim como certamente não estou livre quando a minha liberdade é tirada de mim. O oprimido e o opressor igualmente têm sua humanidade roubada!"

Você agora tem em mãos um conhecimento muito valioso e a oportunidade de recriar a maneira como as relações profissionais ao seu redor são construídas. Como líder e facilitador, agora você é capaz de compartilhar não os pesos, mas os sonhos da organização, os novos acordos, com quem está a sua volta.

Faltam apenas algumas páginas para nos despedirmos, e eu sei que seu próximo passo requer coragem e muita resiliência e flexibilidade, pois já sabemos que algumas mudanças só acontecerão se você for forte para combater as resistências.

E neste ponto eu quero lembrar você de que a liderança é um processo de contínua construção, cuja autoridade para seu exercício precisa ser conquistada. Para assumi-la, é preciso ter autoconfiança forte, alicerçada por grande humildade para admitir os próprios erros e também para aceitar que a melhor ideia é aquela que congrega a visão do coletivo e dá o melhor resultado. Deve-se aprender que ouvir é mais importante do que falar e saber que as pessoas são movidas por propósito e desejos que podem levá-las ao infinito, se entendidas e apoiadas pela liderança.

Liderar pode se resumir em obter engajamento dos liderados para a mesma causa, comungando do mesmo propósito. É transcender, proporcionando dimensão e significado maiores às atividades de cada colaborador – não importando qual e onde –, incluindo-as no todo maior, transformando-as em elementos viabilizadores da missão como propósito comum, da visão enquanto sonho de todos e dos objetivos estratégicos como metas coletivas.

Crie uma solução de estrutura que valorize a autonomia dos agentes da ação, reforce a missão, a visão e os valores como balizadores da ação e do comportamento das pessoas, e utilize os sistema de gestão, através de seus mecanismos e ferramentas, como o principal administrador de desempenho. Assim, tenha na autogestão a garantia de um maior engajamento.

O processo de autogerenciamento deve criar, como consequência natural, um sentimento de responsabilidade e proatividade no time, o que, por si só, desenvolve características de liderança em todos os colaboradores.

Isso porque cada um é responsável pelas suas entregas e trabalha pelo bom funcionamento da equipe como um todo, ajudando os companheiros quando necessário. São características desejáveis em um líder.

E não tenha dúvidas: o sucesso de um líder é desenvolver um **novo líder**.

Como alguém à frente da organização, você tem a visão de futuro, sabe qual é o lugar almejado. E a melhor estratégia para cuidar dessa construção é fazendo-a de maneira compartilhada.

Um fator determinante no êxito desse objetivo é saber que, nesse processo, você nunca deve perder a sua **credibilidade**. Para mim, ela é ancorada em seis princípios:

- **Competência:** Habilidade técnica, humana, conceitual e emocional;
- **Compostura:** Equilíbrio em suas reações, respeito à individualidade, à diversidade e às diferenças de opinião;
- **Coragem:** Para desafiar limites, admitir erros e ter flexibilidade para mudar;
- **Cuidado:** Preocupação com o bem-estar pessoal e profissional de sua equipe;
- **Caráter:** Autoconhecimento, integridade, respeito e confiança;
- **Convicção:** Entusiasmo e compromisso com a visão.

Premissas essenciais

Durante o desenvolvimento do projeto GFO, diante das mudanças que se apresentavam como necessárias para a transformação desejada, começamos a nos questionar quanto aos princípios, às atitudes e aos comportamentos resultantes das premissas que governavam nossas ações até ali e que precisavam ser revistas e mudadas porque travavam a evolução necessária. À medida que evoluíamos no projeto, desconstruímos cada uma delas para estabelecer outras que se mostravam essenciais para atingirmos o nosso objetivo. Aos poucos, essas novas premissas começaram a soar como mantras, lembretes mentais, para facilitar as decisões que precisaríamos tomar sobre os caminhos a serem seguidos.

Acho muito oportuno compartilhá-las aqui e agora. Estas premissas, que transformamos em um decálogo, também podem orientar os seus passos, como fizeram os nossos, caso você esteja pensando em um processo de transformação semelhante ao que vivemos na Gerdau. Aqui seguem os nossos princípios norteadores:

- Ter a liberdade como valor maior;
- Reconhecer o indivíduo para construir o coletivo;
- Creditar o protagonismo ao sujeito da ação;
- Compartilhar um propósito maior e alinhar pelos valores e pelo sistema de gestão;
- Ter a subsidiariedade como lei áurea;
- Apostar no potencial humano sem limites;
- Desenvolver as competências para proporcionar autonomia;
- Estabelecer a relação ganha-ganha;
- Comunicar-se para empoderar;
- Fazer dos atores os coautores da própria obra.

Tenho certeza de que, à medida que você leu os princípios, cada um deles lhe pareceu óbvio e evidente. O motivo é muito simples: eles, de maneira sucinta, sintetizam tudo que vimos até agora neste livro. Gradativamente, pela necessidade de seu exercício no desenvolvimento do projeto GFO, esses "dez mandamentos" foram reinventando nossa maneira de ser, de ver, de nos relacionar dentro da organização, na liderança e na gestão de pessoas, em todos os sentidos e em todas as direções. Eles mudaram nossa vida, a vida das pessoas que trabalham na empresas e transformaram o ambiente da organização. Possibilitaram às pessoas e equipes o pleno exercício da liberdade, materializada na autonomia que lhes outorgou a autoria e o protagonismo em suas ações e em seus resultados.

Desse processo nasceu a autorrealização, que gerou o pertencimento, causa principal da adesão ao modelo proposto e de seu comprometimento. Pontos que deram asas para a criatividade e a inovação que estavam contidas dentro da gaiola do comando e do controle que a estrutura hierárquica estabelece. São premissas que redefiniram os paradigmas de gestão e liderança e são tão significativas que as coloco como fator principal do processo de transformação pelo qual passou a organização, muito além das alterações da estrutura e das relações de poder. Elas foram responsáveis pela transformação mais profunda que atingiu a mente e o coração das pessoas, tanto líderes quanto liderados.

Sugiro a leitura e a discussão desses mantras com os envolvidos de sua equipe, durante o processo de transformação, adaptando-os à própria realidade, transformando-os, a partir daí, nas pedras fundamentais para orientar as decisões que deverão ser tomadas.

Dê asas ao potencial humano

Enquanto escrevo, me vem a ideia de metamorfose da lagarta, recolhendo-se em casulo para renascer como borboleta. Como líderes, é indispensável vivermos a própria metamorfose para realizar todo esse potencial que enxergamos. Durante a transformação em borboleta, a lagarta experimenta um tipo de morte: o mundo tal como ela conhecia, os caminhos que já estava habituada a percorrer, o cenário que sua visão alcançava deixarão de existir.

E mesmo sem saber exatamente o que acontecerá, ela precisa se entregar ao processo, formar o casulo – seu lugar seguro – e desenvolver seu diferencial, para só então sair e voar.

E é esse movimento que espero que você decida iniciar. Pois, sim, será preciso se desacostumar do modelo mental que o trouxe até aqui, confiar em seu time para construir esse casulo e, quando encontrar seu diferencial, usar as asas para encontrar novos horizontes.

Com tudo o que discutimos nestas páginas, você percebe que, ao ter coragem e convicção para assumir essa proposta de gestão, de liderança e de cultura libertários, a autonomia, a autoria e o protagonismo serão consequências óbvias. Sempre acreditei na máxima evolucionista de que o uso desenvolve a função. Por isso, acredite na transformação e abra espaço para que as possibilidades aconteçam. Tenho certeza de que se surpreenderá com o potencial humano. A partir de então, nascerá o processo de pleno pertencimento de todos, no qual a organização se transforma em um ambiente de escolha mútua: o time escolhe a empresa, e a empresa escolhe o time. Todos os dias.

A verdade é que, quando passamos a enxergar as possibilidades que o dinamismo de um sistema fluido e orgânico pode gerar dentro das organizações, percebemos que o que realmente limita nosso resultado e desempenho são os excessos que geram complicação. Simplificar as relações e compartilhar uma dinâmica que permite autoria e protagonismo coletivos deixa a organização mais forte e mais madura.

A grande aprendizagem que tive durante todos esses anos foi que a liderança existe quando nasce uma jornada única e pessoal com cada componente da equipe, respeitando sua individualidade, percebendo seus anseios e suas possibilidades, através do desenvolvimento de seus potenciais. Portanto, faça desse processo uma experiência mutuamente transformadora.

Para encerrar, quero dividir um pequeno episódio que aconteceu em meados de 2014, quando o maestro Walter Lourenção, criador do projeto Sinfonia Empresarial, encerrou a 13ª edição do CEO Fórum da Amcham-Campinas com o tema "A arte de reger talentos"[14].

Ele disse que a organização se assemelha à mesma lógica de uma orquestra. E o que torna um grupo de músicos forte é perceber que, na realidade, "não existe orquestra, existe indivíduo, indivíduo e indivíduo. A magia é ter um conjunto de sons e escutar individualmente cada um deles".

Isso acontece desde o processo de afinação, ensaios, cooperação e agregação dos talentos até o momento de se apresentar no palco; o maestro deve criar um ambiente que permita que cada talento traga o seu melhor para o grupo. E cada indivíduo, como contrapartida, entrega o seu máximo para a obra coletiva.

Nunca se esqueça de que o ensaio nos dá o direito de errar e de aprender a partir do próprio erro, e essa experiência vai nos realizar pela delicadeza dos momentos e pelos detalhes inesperados.

Seja corajoso, saia do casulo para transformar-se e voar livre como a borboleta! Assuma a batuta e não tenha medo de ser o maestro. Estou torcendo muito pelo seu sucesso e de toda sua equipe!

Fico à sua disposição para ouvir seus comentários sobre esta leitura e a sua jornada como líder através de:

- WhatsApp: (051) 99664-3345
- E-mail: jadelima.consultoria@gmail.com
- LinkedIn: @joao-de-lima-autor
- Instagram: @joaodelimaautor

João de Lima

[14] SUA empresa é uma orquestra afinada? **Amcham**, 22 maio 2014. Disponível em: <https://www.amcham.com.br/noticias/gestao/sua-empresa-e-uma-orquestra-9687.html>. Acesso em: jan. 2022

Referências bibliográficas

ARAUJO, I. R. **A projeção geopolítica do Brasil na América Latina e os desafio da integração sul-americana**. Dissertação (Pós-graduação em Geografia Humana) – Universidade de São Paulo, São Paulo, 2018. Disponível em: <https://teses.usp.br/teses/disponiveis/8/8136/tde-23052018-134306/publico/2018_IzanReisDeAraujo_VCorr.pdf>. Acesso em: fev. 2022.

BAUMAN, Z. **Modernidade líquida**. Rio de Janeiro: Zahar, 2001.

BERGAMINI, C. W. **Motivação nas organizações:** nem todos fazem as mesmas coisas pelas mesmas razões. 7ª ed. São Paulo: Atlas, 2018.

CLIFTON, J.; HARTER, J. **It's the Manager**: Moving from Boss to Coach. Washington, D.C. (EUA): Gallup Press, 2019.

DOSTOIÉVSKI, F. **Os irmãos Karamázov**. São Paulo: Editora Abril, 1970.

DRUCKER, P. F. **A organização do futuro**: como preparar hoje as empresas de amanhã. Birigui, SP: Futura, 1997.

GALBRAITH, J; KATES, A.; DOWNEY, D. **Designing Dynamic Organizations:** A Hands-On Guide for Leaders at All Levels. Nova York: AMACOM/American Management Association, 2001.

GALBRAITH, J. R. **Designing Organizations:** Strategy, Structure, and Process at the Business Unit and Enterprise Levels. 3ª ed. rev. São Francisco, CA (EUA): Jossey-Bass, 2014.

HANDY, C. **A era do paradoxo**: dando um sentido para o futuro. São Paulo: Makron Books, 1995.

LALOUX, F. **Reinventando as organizações**: um guia para criar organizações inspiradas no próximo estágio da consciência humana. Belo Horizonte: Editora Voo, 2017.

LIMA, J. **Gestão e cultura de resultados**. São Paulo: Gente, 2015.

MARKET, W. Novos paradigmas do conhecimento e modernos conceitos de produção: implicações para uma nova didática na formação profissional. **Revista Educação & Sociedade**, São Paulo, ano XXI, n. 72, ago. 2000. Disponível em: <https://www.scielo.br/j/es/a/zLZJcRBwHFXJxmxSHjBrCRv/?lang=pt>. Acesso em: fev. 2022.

MARTINEZ, R. **Creating Freedom:** Power, Control and the Fight for Our Future. Edimburgo: Canongate Books, 2017.

MINTZBERG, H. **Structure in Fives:** Designing Effective Organizations. 2ª ed. Londres: Pearson, 1992.

MORIN, E. **Introdução ao pensamento complexo**. Porto Alegre: Editora Sulina, 2015.

PETERS, T. **Rompendo as barreiras da administração**. São Paulo: Harbra, 1993.

ROBERTSON, B. J. **Holocracia**: o novo sistema de gestão que propõe o fim da hierarquia. São Paulo: Benvirá, 2016.

SEMLER, R. **Virando a própria mesa:** uma história de sucesso empresarial made in Brazil. Rio de Janeiro: Best Seller, 1988.

SHELTON, C. **Gerenciamento quântico**. São Paulo: Cultrix, 1999.

TOFFLER, A. **A empresa flexível**. Rio de Janeiro: Record, 1985.

TÔRRES, José J. M. **Desenvolvimento organizacional na perspectiva das teorias da complexidade:** um estudo de caso. Fortaleza, 2001. (Monografia de Especialização, Universidade Vale do Acaraú / Centro de Desenvolvimento Humano / Instituto Paulo Freire).

WALDROP, M. M. **Complexity**: The Emerging Science at the Edge of Order and Chaos. Nova York: Simon & Schuster, 1993.

WHEATLEY, M. **Goodbye, Command and Control. Leader to Leader**, jul. 1997. Disponível em: <https://www.margaretwheatley.com/articles/goodbyecommand.html>. Acesso em: fev. 2022.

_____. **Leadership Lessons for The Real World. Leader to Leader**, 2006. Disponível em: <https://www.margaretwheatley.com/articles/leadershiplessons.html>. Acesso em fev. 2022. São Paulo: Cultrix, 1996.

_____. **Liderança e a nova ciência**. São Paulo: Cultrix, 1996.

Este livro foi impresso pela
Gráfica Rettec em papel pólen
bold 70 g/m² em julho de 2022.